KARIBIK FOOD

Collection Rolf Heyne

VIRGINIA BURKE

KARIBIK FOOD

Aus dem Englischen von Gina Beitscher

Collection Rolf Heyne

Titel der Originalausgabe: »Eat Caribbean«
Die Originalausgabe erschien 2005 bei Simon & Schuster UK Ltd.,
einem Unternehmen der Viacom Company, London

www.collection-rolf-heyne.de

Umschlaggestaltung: Hauptmann & Kompanie, München – Zürich
Satz: Werbeagentur Sabine Dohme, Neuried

Printed in China

ISBN 3-89910-301-7

inhalt

POIVRE VERT
6€ 10

Moulu
les 100g 10 €
Gingembre Moulu
PAPRIKA
ROMARIN
CARDAMOME
Quatre
les 100g
NE DE MANIOC

Einführung

KARIBISCHE KÜCHE – EINFACH LECKER!

Der typische Kochstil der Karibischen Inseln ist in den letzten Jahren überraschend populär und beliebt geworden, ja, es gab einen regelrechten Boom! Durch meine Arbeit – ich leite ein karibisches Restaurant in London und arbeite für einen Großhandel für Produkte aus der Karibik – fand ich mich unversehens mittendrin in dieser Revolution, die auch an meine Leidenschaft für gutes Essen und Kochen appellierte. Der Grundstein für diese Liebe zu karibischem Essen war vor Jahren in der Küche meiner Mutter auf Jamaika gelegt worden.

Die Karibik ist eine Region, die gerade auch kulinarisch sehr viel zu bieten hat. Das enorme Gemisch aus Völkern und Kulturen, das die Inseln prägt, hat auch die Essgewohnheiten über Jahrhunderte hinweg nachhaltig beeinflusst. So entstand etwa jene charakteristische Melange aus manchmal sehr exotischen und eigenwilligen Zutaten, Gewürzen und Ingredienzien, die so typisch ist für einige der bemerkenswertesten karibischen Gerichte. Manche der regionalen Rezepte spiegeln die kreolische Küche oder »Criolla« wider – ein Kochstil, der seinen Ursprung auf den Westindischen Inseln (und in den Südstaaten der USA sowie in Lateinamerika) hat; dort wurden einst europäische Gerichte und Speisen sowohl durch die einheimische als auch durch afrikanische Bevölkerungsgruppen beeinflusst. Die typischen Rezepte haben heute allerdings kaum noch etwas mit Europa zu tun, dafür vereinen sie die Küchen von Westafrika, Indien und dem Fernen Osten.

Die Zutaten sind die wichtigsten Bindeglieder zwischen den regionalen Küchen der Karibik. Erfreulicherweise kann man den Großteil davon heute auch in gut sortierten Einkaufsmärkten unserer Breitengrade bekommen, sodass es relativ einfach geworden ist, ein authentisch karibisches Gericht zu kochen. Um Ihren Einkauf zusätzlich noch etwas zu erleichtern, finden Sie im Glossar eine Beschreibung ungewöhnlicher Zutaten und die Übertragung ihrer karibischen Namen in geläufigere Bezeichnungen.

Ich bin auf Jamaika groß geworden, habe aber im Laufe der Jahre viele andere Inseln bereist und die karibische Kochkunst auf jedem Niveau genossen, von der einfachen Garküche bis hin zum festlichen Bankett. Deshalb bin ich noch längst keine Expertin für die Kochtraditionen der einzelnen Inseln geworden, aber ich habe einen guten Überblick über die kulinarischen Highlights der Region gewonnen – auch wenn Rezepte aus Jamaika in diesem Buch dominieren. Aber das liegt schlicht daran, dass ich diese Küche am besten kenne.

Auf den folgenden Seiten finden Sie einige der großartigsten karibischen Gerichte, die ich bei meinen Reisen entdeckt, weiterentwickelt, Freunden entlockt oder aus Familienrezepten wiederbelebt habe. Bei der Auswahl habe ich versucht, Tradition und Gegenwart zu verbinden; darüber hinaus spielten neben dem Geschmack und einer unkomplizierten Zubereitung auch Gesundheit, Ausgewogenheit und Verfügbarkeit der Zutaten (oder eines adäquaten Ersatzes) eine Rolle. Dem »Jerk Cooking« habe ich einen eigenen Abschnitt gewidmet, da es hier jede Menge Neuerungen zu entdecken gibt. Dieser Abschnitt ist übrigens der einzige, in dem scharfe Gerichte die Hauptrolle spielen! Darüber hinaus werden Sie Klassiker wie »Aki & Salzfisch« oder »Rice & Peas« finden und jede Menge Rezepte, die Sie selbst variieren können, wenn Sie den Bogen erst einmal heraushaben. Für mich war es jedenfalls nicht ganz einfach, für dieses Buch Zutaten genau abzuwiegen und alles zu notieren, da ich selten ein Gericht stur nach Rezept zubereite. Lassen Sie sich also inspirieren, variieren Sie die Schärfe der Gerichte, probieren Sie aus und haben Sie einfach Spaß am Kochen!

Mir hat es jedenfalls unglaublich viel Freude gemacht mit Judy Bastyra, Sandra Duhaney und anderen Freunden, die gut kochen können, an diesem Buch zu arbeiten. Wir haben uns die Köpfe heiß geredet und eine Unmenge von Rezepten ausprobiert. An einigen Gerichten musste noch gefeilt werden, andere waren sofort perfekt. Nach karibischer Manier haben wir dabei immer viel gelacht, getreu dem Motto, die Dinge niemals zu ernst zu nehmen! In diesem Sinne hoffe ich, dass Ihnen dieses Buch Freude macht, die Schönheit und Vielfalt der Karibik nahe bringt und Sie diese Rezeptauswahl mit Freunden oder allein genießen können – gleichgültig, ob Sie ein Kenner sind und nach neuen, schmackhaften Rezepten Ausschau halten oder als Neuling Ihre ersten Schritte wagen!

Virginia Burke

DIE KARIBISCHEN INSELN

Down the way where the nights are gay and the sun shines daily on the mountain top …
Harry Belafonte, »Jamaica Farewell«

Die Karibischen Inseln schlagen einen weiten Bogen von den Florida Keys ostwärts in den Atlantik und dann mit einem Schwung in Richtung Südamerika und verbinden dabei tausende von Inseln. Manche sind winzig und recken sich – als Überreste einer lange vergangenen vulkanischen Aufwallung der Erdkruste – tapfer aus dem glitzernden, warmen Wasser empor. Andere liegen so eng beieinander, dass man von der höchsten Erhebung einer Insel auf die Nachbarinsel sehen kann. Sie erstrecken sich über annähernd 4000 Kilometer und scheinen sich wie Geschwister an den Händen zu halten: Von den Bahamas über die Großen Antillen, die Virgin Islands, die Inseln über dem Winde, die Inseln unter dem Winde, von denen Barbados am östlichsten liegt, und dann über den Süden bis hin zu den Kleinen Antillen. Zusammen bilden sie eine lose Kette, eine punktförmige Begrenzung des azurblauen Karibischen Meeres.

Die größte aller Inseln ist Kuba, gefolgt von Hispaniola (mit Haiti und der Dominikanischen Republik), Jamaika, Puerto Rico und Trinidad. Ihr Markenzeichen sind klares blaues Wasser, zartrosa Sandstrände, atemberaubende Sonnenuntergänge und sanfte Brisen. Und dann gibt es auch noch gemächlich dahinströmende Flüsse, Berggipfel im Nebel, beeindruckende schwarze Sandstrände, wüstenartige Vegetation, Schwefelbecken und tiefe, geheimnisvolle Höhlen.

Die meisten der Inseln haben eine ruhige und von Riffen geschützte Seite und als Kontrast dazu eine dem offenen Meer ausgesetzte Küstenlinie mit zerklüfteten Korallenriffen, an die stürmische Wellen klatschen. Der »Caymangraben« zwischen Jamaika und Kuba hat angeblich eine Tiefe von knapp acht Kilometern. Allen Ähnlichkeiten zum Trotz bestehen nicht nur zwischen den verschiedenen Inseln, sondern auch auf den Inseln selbst gravierende Unterschiede, was Vegetation und Geographie anbelangt. Dies alles macht die Karibik noch faszinierender, bunter und abenteuerlicher. Im Karibischen Meer tummelt sich eine riesige Vielfalt von Fischen und Schaltieren, von denen die

meisten in der ein oder anderen Weise genutzt werden. Die unzähligen Fischer verdienen damit ihren Lebensunterhalt, andere Einheimische (und auch manche Touristen) tauchen und schnorcheln in ihrer Freizeit oder betätigen sich als Sportangler – der Fang des Tages wird abends verspeist. Auf den Inseln wachsen wilde oder angebaute Früchte, Gemüse und Blumen, die wie die Erzeugnisse des »Urwalds« wesentliche Bestandteile des täglichen Lebens sind: Die Pflanzen dienen als Nahrungslieferanten ebenso wie als Heilmittel aus der »Naturapotheke«. Landwirtschaft in größerem Umfang wird zumindest auf den kleineren Inseln kaum betrieben, aber jeder, der einen Garten besitzt, und sei er noch so klein, nennt ein paar Obstbäume sein Eigen – vielleicht Mangos, Kokosnüsse, Bananen oder ein paar Limetten –, einen Pfefferstrauch und irgendwelche Hülsenfrüchte.

Auch das Klima trägt dazu bei, dass die Vegetation der Inseln so prächtig gedeiht: Es herrscht ein angenehmes Gleichgewicht zwischen Sonne und Regen, das ganze Jahr über ist es warm, und während der in nördlicheren Gefilden düstersten Wintermonate ist das Wetter hier bei uns am allerschönsten. Genau dann kommen die Touristen zu uns, per Flugzeug oder mit dem Segelboot und sonnen sich an unseren Stränden. Aber das ist eine neuere Erscheinung, es sei denn, man wollte Kolumbus als ersten Touristen bezeichnen ...

Geschichte der Karibik Die Geschichtsschreibung beginnt mit ebenjenem Kolumbus, dessen Behauptung, uns »entdeckt« zu haben, ich allerdings für etwas gewagt halte. Aber die Sieger diktieren die Geschichte und das, was nach Kolumbus' Ankunft geschah, bildete nun einmal den Ausgangspunkt für »Westindien«, wie wir es heute kennen. Kolumbus war seinerzeit auf der Suche nach einer neuen Passage nach Indien gewesen, um den Handel mit teuren Gewürzen weiter zu etablieren; finanziert wurde er dabei von Königin Isabella und König Ferdinand von Spanien. Auf seiner ersten Reise im Jahr 1492 war er zunächst auf der kleinen Bahama-Insel San Salvador gelandet, deren Einwohner er fälschlicherweise für »Inder« hielt. Kolumbus hatte geglaubt, er habe den Fernen Osten erreicht – auf diesen Irrtum gründet sich auch der Name »Westindien«. Rasch eilte er zurück nach Spanien, schließlich konnte er nun beweisen, dass die Welt keine Scheibe war und er einen

neuen Seeweg entdeckt hatte. Erst später fand man heraus, dass der amerikanische Kontinent lediglich auf dem Weg nach China und Indien lag!

1494 landete Kolumbus auf Jamaika und bezeichnete das Eiland, das von den eingeborenen Tainos »Xaymaca« genannt wurde, als die »schönste Insel, die jemals ein Auge erblickt hatte«. Die Insulaner waren scheu, aber vertrauensselig – das Verhältnis zu den Entdeckern wurde erst erschüttert, als man meinte, sie besäßen Gold. Die unglücklichen »Indianer« konnten das Gelbe Gold allerdings nicht herbeischaffen. Die Stimmung schlug in Feindseligkeit um. Die Eingeborenen, die diese raue Behandlung nicht gewöhnt waren, überlebten die Anwesenheit der Weißen nur in einer einzigen Ansiedlung in Dominica; die unaufhörlichen Forderungen der Eroberer und die ansteckenden Krankheiten, die diese mitgebracht hatten, rafften sie dahin.

War es zunächst um Gewürze gegangen, war die Suche nach Gold nun das vorherrschende Thema der Entdecker, die sich unaufhörlich ihren Weg nach Mittel- und Südamerika bahnten. Beim Transport der Schätze aus den geplünderten Regionen zurück nach Spanien, fungierten die karibischen Inseln als Umschlaghäfen und Zufluchtsorte bei den blutigen Gefechten, die um die Beute entbrannten. Freibeuter und Piraten tummelten sich auf dem türkisblauen Meer und überfielen Schiffe, die von der Nordostküste Südamerikas kamen. Die Kunde von reicher Beute und traumhaften Inseln lockte mit der Zeit aber nicht nur Piraten, sondern auch neue Herren an: Auf die Spanier folgten Briten, Franzosen und Holländer.

Die Bevölkerung der Karibik Die Spanier siedelten zuerst auf Kuba, das sie zu kolonisieren begannen. Sie brachten Vieh und Saatgut mit, hielten Rinder, Schweine, Ziegen und Schafe. Das Fleisch der Tiere wurde sofort getrocknet oder gesalzen, um es in der Hitze zu konservieren. Die Pflanzen, die hier gut gediehen, waren Limetten, Orangen, Bananen, Ingwer und Zimt. Aber die wichtigste Einnahmequelle war nach wie vor die Suche nach Gold; als die Ausbeute im Laufe der Zeit immer spärlicher wurde, sorgte der Sklavenhandel für Ersatz. Man verschleppte zahllose Menschen aus Westafrika und verschiffte sie auf den Weg über den Atlantik, wo mit billigen Arbeitskräften der Grundstein für den späteren Reichtum Nordamerikas gelegt wurde. Zum neuen »Gold« der Karibik wurden nun Zucker und Tabak: Die Sklaven mussten unter elenden Bedingungen auf riesigen Plantagen schuften.

Von 1655 an drängten die Briten den Einfluss der Spanier zurück: Sie eroberten zunächst Jamaika und herrschten schließlich über die Bahamas, Cayman, einige der Virgin Islands, Antigua, Anguilla, Barbados, Bermuda, Grenada, Montserrat, St. Kitts, Nevis, St. Lucia, St. Vincent und die Grenadinen, Trinidad, Tobago und die Turks und Caicos. Irische, schottische und walisische Verwalter kümmerten sich um die Plantagen, während die reichen Besitzer gewöhnlich lieber in England residierten – dort gab es weniger Stechmücken. In spanischem Besitz befanden sich nur noch Kuba, Puerto Rico und die Dominikanische Republik.

Haiti war die erste karibische Insel, die sehr früh für Freiheit und Unabhängigkeit kämpfte. Die einstige spanische Kolonie, die zum Großteil an Frankreich gefallen war, nutzte die Wirren der Französischen Revolution und proklamierte 1794 die Gleichstellung der Schwarzen. Im Kampf gegen Briten und Spanier erzielte man unter Führung des einstigen Sklaven Toussaint L'Ouverture große Erfolge; 1797 proklamierte der »schwarze Napoleon« die Unabhängigkeit der Insel, die immerhin vier Jahre anhielt. Heute ist Hispaniola unterteilt in die Dominikanische Republik und die Republik Haiti. Martinique, Guadeloupe und Marie Galante sind dagegen ebenso wie St. Martin noch heute französisch. St. Maarten ist holländisch, desgleichen Curaçao, Bonaire und Aruba. Um die meisten Inseln wurde so erbittert gekämpft, dass man französische, spanische und britische Namen und Einflüsse auf beinahe allen Inseln der Karibik finden kann.

Was die kulinarische Tradition der Inseln angeht, fällt den frühen Kolonialisten allerdings nur eine kleinere Rolle zu: Natürlich brachten sie ihre Lieblingsspeisen mit, sie lernten aber auch, die bereits vorhandenen Nahrungsmittel wie Mais, Kassave, Maniok und Süßkartoffeln zu schätzen. Sehr viel stärker prägten dagegen die über das Archipel verstreuten afrikanischen Sklaven die Esskultur der Karibik. Sie brachten Okras, Akis, Kürbisse und Chilischoten mit. Sie stellten die Köche in den Häusern der Reichen und spielten keine unerhebliche Rolle, wenn es darum ging, den Geschmack der neuen Westinder zu definieren. Ihre Kochkunst legte die Basis der heutigen »Creole Cuisine«: Salzfisch (Kabeljau, Makrele und Shad), damals als billiges Nahrungsmittel für diese riesige Arbeiterschaft importiert, ist noch heute ein wichtiges Grundnahrungsmittel.

Um diesen Schmelztiegel an verschiedensten Kulturen noch etwas interessanter zu gestalten, gesellten sich zu den Europäern und Afrikanern auch Inder und Chinesen, die vom Festland als Lohnarbeiter auf die Plantagen kamen, nachdem die Sklaverei abgeschafft und eine Emanzipation der Farbigen erreicht worden war.

Beinahe zeitgleich suchten schließlich noch Libanesen, Syrer und Portugiesen als Händler und Kaufleute ihr Glück auf den Inseln – und viele weitere Nationalitäten folgten bis heute. Im Grunde fällt mir eigentlich keine Nation ein, die hier nicht mit ein paar Leuten vertreten wäre. Diese starke kulturelle Vielfalt verleiht der Karibik insgesamt, aber besonders der karibischen Kochkunst ihre eigentliche Würze.

Zeitgenössische karibische Lebensart Vielleicht ist es gerade diese Vielzahl unterschiedlicher Einflüsse, die zu diesem starken Gefühl der Solidarität beiträgt, das wir Insulaner verspüren – unabhängig von unseren unterschiedlichen Sprachen oder Hautfarben. Fern der Heimat tritt dies natürlich besonders deutlich zutage; denn dann wird alles, was karibisch ist, plötzlich von uns vereinnahmt. Daheim ist es beinahe unmöglich, auf einen gemeinsamen karibischen Nenner zu kommen, aber kaum sind wir in der Fremde, klammern wir uns, versöhnt mit allen Differenzen, geradezu an unsere Wurzeln. Wer weiß, vielleicht liegt das auch daran, dass die bewegte Geschichte der Karibischen Inseln uns nachhaltig zusammengeschweißt hat – eine Geschichte, die zum großen Teil auch durch großes Elend gezeichnet ist. Besondere Not herrschte vor allem während der Zeit der Kolonisation und der Sklaverei. Gesellschaftlicher Stand und Hautfarbe trennten die Menschen aufs Grausamste und die Gräben zwischen den Kulturen schienen unüberwindbar. Allen Unkenrufen zum Trotz duldet die heutige Zeit keine offenkundige Diskriminierung mehr, und die Lebenslinien so manchen Volkes haben sich gekreuzt. Auf einer kleinen Insel ist es nun einmal schwer, abgeschottet voneinander zu existieren. Die schwierigste Lektion, die ein Neuankömmling in der Karibik sehr schnell lernen muss, ist die, dass die »Buschtrommeln« schneller funktionieren als jedes moderne Glasfaser-Telefonsystem. Nachrichten, Geschichten sowie Klatsch und Tratsch verbreiten sich ebenso in Windeseile wie Informationen über das politische Tagesgeschehen. Politik wird übrigens als unverzichtbarer Bestandteil des Alltags betrachtet – sie greift ja auch schneller als in größeren Ländern.

Davon abgesehen, ist die Religion eine starke Kraft in der Karibik, wo schon früh christlich missioniert wurde. Um ihre spirituelle Autonomie aber nicht ganz zu verlieren, pflegten die afrikanischen Sklaven neben

dem Studium der Bibel eigene religiöse Gewohnheiten. Auf Haiti etwa ist Voodoo auch heute noch ungeheuer stark. Der »Santería«-Kult auf Kuba vermischt die Anbetung katholischer Heiliger mit schwarzer Magie. Auf Jamaika ist die Tradition des »Obeah«, einer Unterform des Voodoo, auf der ganzen Insel verbreitet, wenn auch meist nicht offen. Es gibt Kirchen, Synagogen (Juden kamen auf der Flucht vor der Inquisition im Gefolge der spanischen Kolonisten auf die Inseln), Moscheen und Tempel … und natürlich finden sich mindestens ebenso viele Bars, die Rum ausschenken – für all diejenigen, die ihre Erleuchtung woanders suchen.

Apropos Rum: Wir Menschen in der Karibik hatten immer unseren eigenen unverwechselbaren Stil. Das gilt für Essen, Musik, Kleidung, die Farbe unserer Häuser oder Frisuren – wir sind immer hip. Und wenn eines bei uns groß geschrieben ist, dann ist das unsere Freude am Feiern, wofür wir jeden Anlass gerne wahrnehmen. Auf den Inseln gibt es sogar eigene Festtagskalender, auf denen sämtliche Feiern verzeichnet sind. Wir tanzen gerne, lieben Theater, Umzüge, Karneval und Straßenfeste. Beim Karneval in Trinidad versammeln sich alljährlich tausende von Menschen in traditionellen farbenprächtigen Kostümen, um eine Woche lang ausgelassen zu feiern. Natürlich gehören zu solchen Ereignissen auch üppige Schlemmereien: entweder in Form von »Street Food«, das man am Rande eines Umzugs zu sich nimmt, oder als echtes »Gelage« danach. Die vielen Feste, die über die Zeit gerettet wurden, bieten Jung und Alt, Reich und Arm Gelegenheit zusammenzukommen und sich auszutauschen. Aber generell gilt: Wir brauchen eigentlich keinen besonderen Anlass, um uns zu treffen, gemeinsam zu essen und zu trinken und fröhlich zu sein!

Bei allen Festen und Feierlichkeiten darf die Musik nicht fehlen: Entweder spielt eine Militärkapelle auf oder eine traditionelle »Mento«- oder Kalypso-Combo, eine Steel- oder Reggaeband oder auch nur eine Stereoanlage. Wir singen, tanzen und klatschen ausgelassen in die Hände – sogar in der Kirche!

Wir lieben Sport und Spiele und sind ziemlich wild auf Domino, Pferdewetten und sogar Mahjong (der Einfluss der Chinesen). Die Jamaikaner werden während der Weltmeisterschaften zu Fußballverrückten, während die Kubaner im Baseball die Nase vorn haben. Sportler der Inseln sind traditionell auch bei internationalen Leichtathletik-Wettbewerben stark vertreten. Ach ja, ich sollte vielleicht auch noch jene kritische Zeit erwähnen, zu der das Leben in der Karibik völlig zum Stillstand kommt, weil sich Männer und Frauen gleichermaßen nur noch für eines interessieren: die alljährlichen Kricket-Meisterschaften.

Da das Wetter meist mitspielt, findet eiin Großteil des karibischen Lebens draußen statt. Irgendwie schmeckt ein Topf »Mannish-Water« (Suppe aus einem Ziegenkopf), der traditionell für eine Grundsteinlegung im Freien zubereitet wird, eben doch besser als aus der Küche. Köstlichkeiten wie Spanferkel würden ohnedies nicht in den Backofen passen ... Aber prachtvolle Feste sind das eine, der Alltag erzählt manchmal leider eine andere Geschichte: Traditionell war das Frühstück auf den Inseln eine sehr reichhaltige Mahlzeit, aber da mittlerweile viele Frauen berufstätig sind, hat sich dies geändert. Wo es früher Haferbrei und gekochte Speisen gab, macht man sich heute schnell ein paar Cornflakes und einen Nescafé und stürzt aus dem Haus. Zu Mittag isst man in einem Schnellrestaurant oder holt sich etwas bei einem Straßenverkäufer. Erst am Abend findet die Familie zu einer gemeinsamen warmen Mahlzeit zusammen. Samstags wird in der Regel ein großer Topf Suppe zubereitet – vielleicht noch ein Überbleibsel jüdischen Einflusses. Der Sonntag ist ein ruhiger Tag, an dem die wichtigste Mahlzeit der Woche im Mittelpunkt der Aktivitäten steht. Sie wird meist recht spät serviert, nach dem Kirchgang oder nach einem Vormittag am Strand. Dabei muss man immer mit spontanem Besuch rechnen: Ohne große Förmlichkeiten wird kurz beim Nachbarn oder bei Freunden vorbeigeschaut, und oft genug muss das Essen irgendwie »gestreckt« werden, damit es für alle reicht.

Der Mangel an Zeit, der auch in den karibischen Alltag Einzug gehalten hat – wenn auch vergleichsweise maßvoll – hat natürlich auch dazu geführt, dass man weniger Zeit als früher in der Küche verbringt; ich kenne viele junge Frauen, die nicht mehr gelernt haben zu kochen oder Einladungen zu geben, so wie es ihre Mütter noch taten. Wenigstens interessieren sich heute, quasi zum Ausgleich, mehr Männer für das Kochen (besonders von Fleischgerichten), das auch in der Karibik nicht mehr nur als reine Frauensache betrachtet wird. Die schnellere Lebensart hat natürlich auch zur Folge, dass es aufwändigere traditionelle Gerichte nur noch zu besonderen Anlässen gibt. Aber immerhin: es gibt sie noch, die wunderbaren Gerichte meiner Kindheit!

Kindheitserinnerungen Ich habe nur schöne Erinnerungen an die Sommerferien, die ich zusammen mit meinen Cousins und Cousinen auf der

Farm meiner Großeltern in Falmouth, Jamaika, verbrachte. Es war zwar in erster Linie eine Milchfarm, aber dort wuchsen auch Pimentbäume und alles, was man sonst brauchte, wurde angepflanzt. Den Geruch des Raums, in dem Getreidesäcke mit Hühnerfutter gelagert wurden, vermischt mit dem der Ledersättel, die im kalten Steinkeller aufbewahrt wurden, habe ich noch heute in der Nase.

Alle Mahlzeiten wurden in einer separaten Küche über einem Holzofen zubereitet, ganz so, wie es damals üblich war. Es gab »heißen Schokoladentee« und Haferbrei zum Frühstück, und ich begreife immer noch nicht, wie meine Großmutter mit dieser Menge ungebändigter Enkel zurechtkam. Wir waren den ganzen Tag auf der Farm unterwegs und holten uns alle möglichen Schrammen und Beulen. Wir fuhren auf dem Eselskarren, tranken Kokoswasser und aßen »Jelly«, kletterten auf Bäume und naschten von den Früchten, bis wir fast platzten. Wenn unsere Eltern nach einer oder zwei Wochen kamen, um uns abzuholen, gab es ein großes Familientreffen an einem riesigen Tisch, der sich unter der Last der köstlichen Speisen bog: Es gab so leckere Sachen wie Kürbissuppe mit Brötchen, Roastbeef mit Sauce, Brathähnchen oder gebratene Ente, Reis und Bohnen, gebackene Brotfrucht und Gemüsebanane. Da waren Cho-Chos, grüne Bohnen, Avocado, Salat, jede Menge Obst und vielleicht auch ein Brotpudding mit vielen Rosinen drin. Mein Großvater pflegte während der Mahlzeit Hof zu halten. Er saß am Ende des Tisches, neben ihm ein zusätzlicher kleiner Teller mit einer frisch gepflückten Scotch-Bonnet-Chilischote, von der er zu jedem Bissen etwas nahm. Man schwieg und berührte keine der Speisen, bevor er nicht gebetet und mit dem Essen begonnen hatte. Als meine Großeltern später nach Kingston zogen, baute mein Großvater im hintersten Winkel seines Stadtgartens Gemüse an. Geduldig baute er Mais, Erbsen, Callaloo, natürlich Chilischoten, Salat, Tomaten, Möhren, Zwiebeln, Frühlingszwiebeln und was er sonst noch mochte, an. Keines seiner Kinder (insgesamt 13) ging nach einem Besuch ohne ein Bund frisches Gemüse nach Hause. Für mich war es das Größte, nach der Schule stundenlang mit ihm unter dem Tamarindenbaum zu sitzen. Dort ist er eines Nachmittags auch in seiner Hängematte gestorben. Seitdem habe ich eine Vorliebe für eine frische Scotch-Bonnet-Chilischote auf meinem Teller.

KARIBISCHE MÄRKTE

Der bunteste und lebendigste Ort, den Sie in karibischen Städten oder Dörfern erkunden können, ist der Markt. Dort herrscht gewöhnlich schon seit dem frühen Morgen reges Treiben, dort ist das Zentrum, in dem alle frischen Produkte aus dem Umland eintreffen und ein paar Stunden lang Waren, Geld und Neuigkeiten ausgetauscht werden. Supermärkte können mit ihm weder im Hinblick auf Frische, Vielfalt und Preis der Waren noch als Kommunikationszentrum konkurrieren. Und er ist von jeher der Teil unserer Städte, der sich im Laufe der Zeit am wenigsten verändert hat.

Auf einem typischen jamaikanischen oder haitianischen Markt ist die reiche Vielfalt an Früchten und Gemüse auf Hanfsäcken oder in großen, mit getrockneten Bananenblättern ausgelegten Strohkörben attraktiv vor unseren Augen ausgebreitet. Viele der Marktfrauen (denn es sind gewöhnlich Frauen, die auf diesen Inseln an den Marktständen stehen) haben ihren traditionellen bunten Kopfputz, die gemusterten Kleider und Blusen und die allgegenwärtige Schürze mit tiefen Taschen voller Wechselgeld beibehalten. Da ist ein Messer zum Abschneiden von Yams, Zuckerrohr oder Bananen, ein Zinnbecher (oft wird noch in viertel oder halben Pints gemessen) zum Herausschöpfen von Hülsenfrüchten und eine Waage (die sich oft mehrere Marktfrauen teilen), um dem Kunden stolz zu zeigen, dass er für den gleichen Preis etwas mehr bekommen hat, was hier als »Brawta« bezeichnet wird.

Wenn Sie auf einen wirklich großen, stark belebten Markt kommen, zum Beispiel auf den Coronation Market in Kingston, wird Ihnen als Erstes dieser typische Duft entgegenschlagen: Eine durchdringende Mischung aus frisch geernteten Früchten und Gewürzen, vermengt mit dem Geruch von frisch gekochtem Essen – und nach Menschen. Das Nächste, was Ihre Sinne betäuben wird, sind die verwirrenden Farben: Das leuchtende Orange der Kürbisse wirkt fast schon psychedelisch neben dem Grün der jungen Bananen, den rot-orangen Mangos, dem erdigen Braun der Yams und den Purpurtönen der Süßkartoffeln. Rote, grüne und gelbe Paprika sind zu kleinen Pyramiden aufgetürmt.

30S

CURACAO
FAMILY
STORE
Sai-Daya
CURACAO
FAMILY STORE
Casa Marco
HEMAS
VIRGEN de BETANIA
AOYM 0596

Wenn Ihnen dann noch immer nicht schwindelig ist, wird Ihnen das unglaubliche Stimmengewirr auffallen. Scheinbar schreien alle durcheinander und vor allem, wenn Sie neu in dieser Umgebung sind, wird es Ihnen so vorkommen, als würde jeder versuchen, Ihre Aufmerksamkeit zu erregen. Dazu kommt, dass fast an jeder Ecke eine Musikanlage in voller Lautstärke dröhnt. Auf diesen Märkten hat man nicht selten das Gefühl, man sei mitten in Afrika. Neben Lebensmitteln können Sie hier alles kaufen, was man für den Haushalt so braucht. Handgefertigte Kokosnussreiben aus Zinn, »Coal-Pots« (kleine Kohleöfen für draußen), schwere Eisentöpfe, bunte Plastikeimer und Schüsseln, Strohbesen, gewebte Fußmatten, Staubwedel, Öllampen, Kochlöffel und Scheuerbürsten. Frische Fische, lebendige Hühner, jede Menge Eier. Auf haitianischen Märkten kann man außerdem faszinierende Gemälde, Zinngegenstände und Kunstgewerbeartikel bewundern.

Es ist durchaus üblich, dass die in Körben verstauten Waren von Eseln auf den Markt transportiert werden, vor allem auf dem Land. Weitaus öfter ist heute jedoch der Bus das bevorzugte Transportmittel. Dabei widerspricht es allen Gesetzen der Schwerkraft, dass die hoch aufgetürmten Ladungen auf den Dächern der Busse oder »Tap Taps« (wie sie auf Haiti heißen) während der halsbrecherischen Fahrt über die steilen und gewundenen Landstraßen an ihrem Platz bleiben ...

Eine der großen Attraktionen von Curaçao ist der schwimmende Markt, zu dem die Waren auf Booten transportiert werden. Da Curaçao sehr trocken ist, werden frische Produkte regelmäßig aus Venezuela geliefert. Die Boote legen an den Docks von Willemstad an und alle Früchte und Gemüse, die man sich nur vorstellen kann, werden gefällig unter Zeltdächern entlang der Straße ausgebreitet. Die Verkäufer sind Spanisch sprechende junge Männer. Fische und Meeresfrüchte werden direkt vom Deck der Boote aus verkauft, denn dort können sie gekühlt werden. Ein überaus malerischer Markt, den man – wie die meisten Märkte – am besten früh am Morgen besucht. Mit den farbenfrohen Häusern im holländischen Kolonialstil im Hintergrund ist Willemstad ein pittoresker Anblick, wenn man sich vom Flughafen kommend der Stadt nähert.

Als ich vor kurzem die Plaza del Mercado in San Juan, Puerto Rico, besuchte, fand ich einen sehr gut organisierten Markt in einem alten und attraktiven offenen Eisengebäude vor. Und auf der anderen Seite des

Marktplatzes gibt es praktischerweise ein paar Metzgerläden. Obwohl im Wesentlichen dieselben Produkte angeboten wurden wie auf den anderen Inseln, fielen mir die vielen ungewöhnlichen Gemüsebananen-, Yams- und Chilisorten auf. Die Zimtstangen waren mindestens 45 cm lang und es gab die größten Ananas, die ich je gesehen habe. Neben den Bereichen für reife Früchte und Gemüse fand sich auch ein Stand für frische Säfte und Snacks; getrocknete Gewürze, Kräuter und Heilkräuter wurden separat angeboten. Die Vielfalt an Gewürzen wie Anatto (Roucou), Rosmarin, Oregano, rotes Basilikum, Lorbeer, Muskatnuss, Nelken und Anis war enorm. Es gab getrocknete Hülsenfrüchte, Erdnüsse, Sesam und Kürbiskerne, Malangueta (Tabascopfeffer) und so manches Küchengerät, etwa eine Gemüsebananenpresse, die ich bei einem charmanten Mexikaner erstand. Und natürlich: Guavenpaste! Kein puertoricanischer (oder kubanischer) Markt wäre vollkommen ohne dieses süße klebrige Konfekt. In einer Ecke wurden verschiedene Naturheilmittel nebst rituellen Kerzen angeboten – ich hatte das Gefühl, dass der Standinhaber als eine Art inoffizieller Apotheker für Arme fungierte.

Die Küchen aller Karibischen Inseln haben zwar ein breites Spektrum an Kräutern, Gewürzen und Basisprodukten gemeinsam, die typischen Spezialitäten der einzelnen Regionen werden jedoch durch die unterschiedliche Verwendung dieser Aromen definiert. So sind starke Gewürze und Chili auf den mehr afrikanisch geprägten Inseln häufiger anzutreffen als auf den anderen. Das mag ein wenig verallgemeinernd klingen, aber ich empfinde die spanische, insbesondere die kubanische und puertoricanische Küche als viel milder und subtiler. Der französische Stil ist etwas geheimnisvoller – ich traue den Haitianern wirklich zu, dass sie selbst dem einfachsten Gericht wie »Dijon-Dijon« (Pilze und Reis) einen exquisiten Geschmack verleihen.

Curry wiederum kam durch die indische Bevölkerung zu uns. Die Currysorten variieren in Intensität und Farbe und sind vor allem auf Trinidad weit verbreitet, wo Curry in einer Vielzahl von Gerichten zum Einsatz kommt. Obwohl Curry auch auf Jamaika sehr populär ist, werden dort neben den traditionellen Speisen indischer Herkunft nur Gerichte mit Ziege (eine besondere Spezialität) und Hähnchen mit Curry gewürzt. Auf Guadeloupe werden Curry-Gerichte »Colombo« genannt und mit einer einzigartigen Mischung milder Gewürze zubereitet, die man für alle Arten von Fleisch, aber auch für Gemüse wie Auberginen verwendet. In Pointe-à-

Pitre gibt es einen bezaubernden Gewürzmarkt, auf dem man all die grundlegenden karibischen Gewürze finden kann: Frühlingszwiebeln, Knoblauch, Zwiebeln, Schnittlauch, Schalotten, Chilischoten, Thymian, Oregano, Chandon Beni, Koriander, Paprika, Salz und Pfeffer. Sie finden in unzähligen schmackhaften Gerichten Verwendung. Verschiedene Kombinationen dieser Gewürze bescheren uns einzigartige lokal verwendete Mischungen wie »Adobo« (Puerto Rico), »Sauce Chien« (Guadeloupe), »Ti-Malice« (Haiti) oder »Jerk« (Jamaika). Das Marinieren mit diesen Gewürzen verleiht den meisten Fleischgerichten ihr volles Aroma. Ein Erbe aus schlechteren Zeiten ist zudem die Verwendung kleiner Portionen von Rauchfleisch oder Räucherfisch, um Speisen Geschmack zu geben. Viele Bohnengerichte, Suppen und sogar Gemüseeintöpfe nutzen das intensive Aroma von Schweineschwanz, gepökeltem Rindfleisch oder Fisch. Andere beliebte Aromen, die sowohl für süße als auch für pikante Gerichte eingesetzt werden, sind Ingwer, Kokosnuss, Muskatnuss, Muskatblüte, Vanille, Tamarinde, Limette, Piment und Rum. Wir sind jedoch keine Puristen und karibische Märkte und Lebensmittelläden haben auch »Mehrzweck«-Gewürze mit Glutamat im Angebot. Für eine rasche Brühe verwenden wir oft Fertigsuppen oder Brühwürfel. Wir verleihen unseren Gerichten auch gerne etwas mehr Farbe, wofür wir verschiedene Naturprodukte wie Anatto, Kurkuma oder Gelbwurz, Safran, Paprika, Karamell und Sojasauce verwenden. Für Süßes gibt es jede Menge leuchtend bunte Lebensmittelfarben in Rosa, Blau, Grün oder Orange zum Einfärben von Kokoskonfekt oder Glasuren. Sie sehen also, dass viele Zutaten, die man zur Zubereitung eines köstlichen karibischen Gerichts benötigt, eigentlich ganz alltäglich sind. Natürlich gibt es eine Reihe exotischer Früchte und Gemüse sowie einige Fischarten, Meeresfrüchte und Fleischprodukte, die man außerhalb der Karibischen Inseln nicht kaufen kann. Das liegt daran, dass sie einen Transport schlecht vertragen würden und daher am besten in ihrer heimischen Umgebung genossen werden sollten. Ich hoffe, dies ist ein weiterer Grund für Sie, unsere wundervollen Inseln zu besuchen und unsere einmalige Gastfreundschaft kennen zu lernen!

BELIEBTES STREET- & BEACHFOOD

Eine gute Methode, eine neue Kultur kennen zu lernen, besteht darin, vor Ort durch die Straßen zu bummeln und mit den Einheimischen ins Gespräch zu kommen. Der karibische »Way of Life« begünstigt ein Leben unter freiem Himmel. In kleineren Ortschaften ist es gang und gäbe, dass man abends draußen auf einer Mauer oder einer Bank sitzt und mit Freunden den neuesten Klatsch austauscht. Die Kaimauer entlang des Malecón, der berühmten Uferpromenade von Havanna, ist bei den Kubanern bis in die frühen Morgenstunden ein beliebter Treffpunkt. Man bleibt im Vorübergehen oft am Haus- oder Gartentor stehen und plaudert mit den Nachbarn. Hunde laufen zwischen den Kindern umher, die eine ruhige Straße zum Ballspielen in Beschlag genommen haben. Ein Junge auf einem Fahrrad zeigt akrobatische Kunststücke, um die Mädchen zu beeindrucken ... Auf Kuba und Jamaika sind zudem die Lautsprecher der Musikboxen in den Lokalen immer zur Straße gedreht und unterhalten (oder nerven) alle, die sich in Hörweite befinden. Und in ländlichen Regionen kann es vorkommen, dass man auf der Straße auch Hühnern und Ziegen begegnet – es ist genau diese bunte Mischung, die das karibische Straßenleben prägt. Etwas, das wir in europäischen Großstädten sehr vermissen.

Wer sich richtig auf Land und Leute einstimmen will, sollte aber auch die an Straßenständen feilgebotenen Gerichte probieren. Wie sehen sie aus? Wie riechen sie, wie fühlen sie sich an, wie schmecken sie? Die Straßenhändler lassen sich in der Regel in zwei Kategorien einteilen: Die einen sind fliegende Händler, die mit ihren Waren von Ort zu Ort ziehen. Sie preisen sie von Karren oder Fahrrädern aus an oder sind zu Fuß unterwegs, um frisches Obst, Eis, Chips, Nüsse und andere Snacks feilzubieten. Die anderen sind selbst ernannte »Köche«, die überall, wo sie mit Kundschaft rechnen, ihre Garküche aufbauen. Manchmal bringen sie Essen mit, das bereits zu Hause zubereitet wurde, dann wieder kochen sie direkt vor Ort. Wenn ihr Angebot attraktiv ist und sich das auch herumspricht, kann es sein, dass sie jahrelang am selben Fleck bleiben. Die Kunden machen dann gern einen Umweg, um bei ihrem Lieblings-

händler einzukaufen. Die von den Garküchen angebotenen Speisen sind in der Regel eher etwas rustikaler. Achten Sie deshalb auf Stände, die einen ordentlichen Eindruck machen und die Hygienevorschriften beachten. Herrscht an einem Stand großer Andrang, ist das Angebot höchstwahrscheinlich frisch zubereitet und ein echter Genuss. Meine Freunde und ich gehen sehr gern in solche alteingesessenen Garküchen essen und haben es noch nie bereut. Verlassen Sie sich einfach auf Ihr Gefühl!

Die Garküchen faszinieren aber nicht nur durch ihr besonderes Essensangebot, sondern auch durch ihre kreativen Kochgeräte und Kochmethoden. »Coal-Pots«, Woks, Bleche, »Jerk Pans« und mobile Grills sind nur einige davon. Und genauso wie Mamas hausgemachte Versionen nie mit Fast-Food-Hamburgern und Pizza konkurrieren konnten, verliert auch das Garküchenessen seinen Reiz, wenn man versucht, es zu Hause nachzukochen (tut mir Leid, Mum!). Das hat viel mit Atmosphäre zu tun – eine schwer definierbare Zutat, die man nirgendwo kaufen kann. Deshalb werde ich in diesem Buch nur einige wenige, dafür aber umso nachhaltigere Genüsse aus den Garküchen beschreiben, zumal jede der Inseln diesbezüglich eine ganz eigene Tradition hat: Vor allem Jamaika, Trinidad, Tobago und Puerto Rico haben eine hoch entwickelte Garküchen-Kultur.

Ein weiteres Charakteristikum der Karibik ist der »Coconut Water Man«, der in der Hitze für Erfrischung sorgt. Früher zog er mit einem Karren, geschmückt mit einem großen Palmwedel zum »Flagge zeigen«, durch die Straßen, auf dem sich die Kokosnüsse türmten. Heute hat er einen festen Stand am Straßenrand. Die kalten »Jelly Coconuts« lagert er in einem großen Metallbehälter, in dem massive Eisblöcke und Wasser die jungen grünen Kokosnüsse kühlen. Ein erfahrener Verkäufer wird die dicke, obere Schale der Kokosnuss mit seiner scharfen Machete mit nur drei Schlägen öffnen. Mit dem letzten Hieb haut er ein kleines Loch in die Schale, ohne dabei auch nur einen Tropfen von der nahrhaften und erfrischenden Flüssigkeit zu verschütten. Sie schmeckt ganz anders als Kokosmilch – nicht so süß und überraschenderweise kaum nach Kokosnuss. Der Geschmack ist schwer zu beschreiben, aber Sie werden sich wundern, wie sättigend und lecker das kühle Kokoswasser sein kann. Um es auf traditionelle Weise zu genießen, sollten Sie die Beine grätschen, sich vorbeugen, das Loch in der Kokosnuss mit den Lippen verschließen, den Kopf dann mit einer ruckartigen

Bewegung zurücknehmen und die Flüssigkeit ansaugen. Enthält die Nuss viel Wasser, müssen Sie den Vorgang mehrmals wiederholen – aber seien Sie darauf gefasst, dass Ihnen der klare Saft an Gesicht und Hals herunterrinnt. Sollte Sie diese Herausforderung zu sehr schrecken, können Sie auch einfach um einen Strohhalm bitten. Wenn Sie das Kokoswasser ausgetrunken haben, geben Sie die Kokosnuss dem Verkäufer zurück, der sie nun so geschickt in zwei Hälften teilt, dass die Machete nur knapp über seiner Hand zum Stillstand kommt. Dann erhalten Sie die Nuss wieder, und zwar mit einem Stück harter Schale, das Sie als Schaber benutzen können, um das weiche »Gelee« im Inneren herauszukratzen. Das ist der eigentliche Hochgenuss! Je nach Reifegrad hat das Gelee eine eigene Konsistenz: Manchmal ist es kaum vorhanden, dann wieder klar und wässrig oder weiß und fest. Letzteres erinnert schon an das Fleisch der reifen Kokosnuss, wie es die meisten Menschen kennen. Wenn Sie eine Kokosnuss im Laden kaufen, ist sie mit ziemlicher Sicherheit voll ausgereift. Kokosnusswasser wird inzwischen übrigens auch schon in Flaschen abgefüllt verkauft, aber das ist nur ein schwacher Ersatz für einen kräftigen Schluck direkt vom Busen der Natur. Also lassen Sie sich die Sache schmecken – egal, welche Insel Sie bereisen: Kokosnüsse finden Sie überall in der Karibik.

In jamaikanischen Städten, zum Beispiel in Kingston oder Montego Bay, prägen neben dem »Coconut Water Man« Straßenverkäufer wie der »Peanut Man« mit ihren Karren das Stadtbild. Sie tummeln sich an zentralen Plätzen aller Art; das kann auch eine Straßenkreuzung sein, an der eine Ampel zum Halten zwingt. Der Verkäufer muss wirklich fix sein, will er »im Vorbeifahren« seine Nüsse unter das Volk bringen. Seine Anwesenheit erkennen Sie am dicken Dampf seines Röstofens, der eine Trillerpfeife ertönen lässt. Die frisch gerösteten Erdnüsse sind warm, köstlich und werden rasch in eine braune Spitztüte aus Papier verpackt. Bei anderen jamaikanischen Verkäufern geht es geruhsamer zu, sie haben richtige »Kochhütten«, zum Beispiel in Faith's Pen zwischen Kingston und Ocho Rios. Dort reiht sich ein Stand an den anderen, die Auswahl an Speisen ist riesig. Schon frühmorgens bekommt man dort gegrillte oder gekochte Maiskolben, geröstete Brotfrucht, Yams, Aki und Salzfisch, Callaloo, »Pan Chicken« (gegrilltes Hähnchen), Backfisch, »Bammies«, »Festivals« und Suppen. Der Rastplatz ist vor allem bei Geschäftsleuten und Reisenden beliebt, die keine lange Pause machen wollen.

Einer der besten »Pan-Chicken«-Imbisse befindet sich auf der Red Hills Road in Kingston. Jeden Freitagabend ist der Bürgersteig von improvisierten Grills gesäumt, die findige Leute aus Ölfässern zusammengebastelt haben. Der Duft nach saftigem, köstlichen Huhn hängt in der Luft, Menschen drängen sich, bunt gemischt, durch die Straße. Das Huhn, das in Alufolie »serviert« wird, schmeckt großartig – Sie werden sich im wahrsten Sinne des Wortes die Finger danach lecken!

Wenn man die richtigen Tipps kennt, kann man ohne Weiteres eine Schlemmerreise durch Jamaika machen. Auf dem Rastplatz zwischen Mandeville und Kingston gibt es Salzfisch und heiß-dampfende, gegrillte Yams mit einem Klecks Margarine. Beides schmeckt besonders gut, wenn es draußen kühl und neblig ist, was in der Region morgens oder am späten Nachmittag durchaus vorkommt. Wenn Sie in die Nähe von YS Falls kommen sollten, halten Sie nach dampfenden Töpfen Ausschau, die Spezialitäten wie Bananen-Porridge enthalten. Und in Middle Quarters, St. Elizabeth, werden sich viele Straßenverkäufer mit Plastikschüsseln voller wirklich scharf gewürzter Shrimps auf Ihren Wagen stürzen. Wenn Sie sehr pikante Speisen lieben, werden Sie diese Shrimps längst verzehrt haben, bevor Sie Savannah La Mar oder Negril erreichen. Gönnen Sie sich dort doch ein kaltes, süßes Getränk, um das »Feuer« zu löschen.

Viele Tourisen fahren stundenlang nach Boston Bay in Portland (genau auf der anderen Seite der Insel), um dort »Jerk Pork«, Würstchen und Huhn zu essen. Angeblich ist hier die Heimat des Jerk, und viele sind nach wie vor der Überzeugung, dass es authentische Jerk-Gerichte nur hier gibt. Hellshire Beach und Port Royal wiederum sind für ihren »Fried Fish and Bammy« (Backfisch und Maniokküchlein) berühmt, aber es gibt dort auch Hummer, Krabben, Muscheln, ja sogar kleine Austern. Am alten Hafen sitzen die Verkäufer abends auf Klappstühlen neben ihren Petroleumlampen hinter Glasgefäßen voller gebratener Sprotten und »Bammy«. Dort warten sie auf jene, die die Uferstraße entlangfahren, um die salzige Meeresluft zu schnuppern und einen Fisch zu kaufen. Der wird auf Papier serviert. Er wurde im Ganzen frittiert und ist äußerst knusprig. Sie können ihn mit Stumpf und Stiel verspeisen, weil sogar die Gräten kross sind. Solche Snacks isst man im Vorübergehen, aber natürlich gibt es am Hafen auch kleine Lokale, die sich auf Meeresfrüchte spezialisiert haben.

An den Stränden serviert man Ihnen kleine Köstlichkeiten in zusammengezimmerten Buden aus Bambus oder verwittertem Holz, die mit Wellblech oder Palmzweigen gedeckt sind. Es gibt keine Türen, der Boden besteht aus Sand, und da solche Buden höchstens 15 Meter vom Anlegeplatz der Fischerboote entfernt liegen, werden Sie nirgendwo frischere Ware finden. Der einfach gewürzte Fisch wird in einem Wok gebraten oder über einem offenen Holz- oder Kohlenfeuer gegrillt. Meist bekommen Sie Ihren Fisch auf die Hand, aber essen Sie ihn nicht zu hastig, das ist schließlich kein Fastfood. Glauben Sie mir – Ihre Geduld wird sich in jedem Fall reichlich auszahlen.

In Trinidad erfreuen sich Straßenstände ebenfalls immer größerer Beliebtheit. Zu den begehrtesten Gerichten gehören dort solche indischen Ursprungs wie das Fladenbrot »Roti«, das mit einer Vielzahl unterschiedlicher Curry-Füllungen angeboten wird. »Doubles« sind zwei kleine Pfannkuchen mit einer Füllung aus Kichererbsencurry und Chutney. Wenn Sie Glück haben, ist das Ganze noch mit frischen Kokosraspeln garniert. »Phulouris« sind frittierte Klöße, die vom Teig her an Doughnuts erinnern. Sie werden in der Tüte mit Mangosauce verkauft und schmecken herrlich. An Ständen, die getrocknetes oder eingemachtes Obst und Süßigkeiten verkaufen, werden Sie auch große Gläser mit eingelegten Pflaumen, grünen Mangos und Ananas finden. Ich liebe die »Pommes ce theure«, süße Balsampflaumen in Salzlake mit Chandon Beni (eine Kräuterart, deren Aroma sehr stark an Koriander erinnert). Sie sind knackig, köstlich und schmecken einfach nach mehr – allein deswegen lohnt es sich schon, nach Trinidad zu reisen! In den malerischen Straßen von St. James wiederum sollten Sie nach Maissuppe, »Rotis« und mittlerweile auch nach Jerk-Hähnchen Ausschau halten.

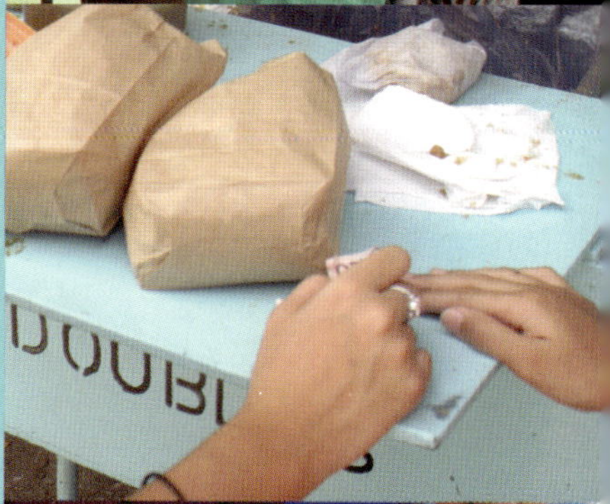

ICE COLD
Stag
Carib
Malta
Shandy
Royal
Guinness
HeineKen
MacKeson
Carlsberg
Ginseng Up
Soft Drinks
Coca-Cola
VILMA'S
HOT BAKE N SHARK

Der beliebteste Strand der Insel, Maracas, ist die Heimat des berühmtesten Beachfood von ganz Trinidad: »Shark-and-Bake« (ausgebackener Hai in Teigtaschen). Ich wundere mich immer, warum das so heißt, da es eindeutig mehr nach »Bake-and-Shark« aussieht als andersherum. Noch hat mir niemand eine Erklärung dafür liefern können. (Die Jamaikaner sagen zum Beispiel »Rice and Peas«, die »Trinis« dagegen »Peas and Rice«. Das ist genauso verwirrend.) Ein »Bake« ist eine Art frittiertes Fladenbrot, wobei es auch »Baked Bakes« und »Coconut Bakes« gibt. Sie sind alle gleichermaßen köstlich, haben jedoch eine sehr unterschiedliche Textur. Dazu reicht man eine Vielzahl an Saucen und Füllungen, die das Ganze geschmacklich abrunden. Als ich das letzte Mal auf Trinidad war, hatte Vilma das beste »Bake« vom ganzen Strand. Garniert mit frischem Salat (Gurken, Tomaten, Blattsalat), Mango-Chutney, Tamarinden- oder Knoblauchsauce, »Kutchula« (eine Art Mango-Pickle), Chandon Beni, Chilisauce, Honigsenf, Knoblauch sowie etwas Sahnedressing. Die »Bakes« schmecken so köstlich, dass es schwer fällt, sich nur auf eines zu beschränken.

Auf Tobago, das nach wie vor ziemlich unberührt ist, findet man in Store Bay alles, was die Garküchen zu bieten haben, aber auch ganz besondere Spezialitäten wie Fliegenden Fisch. In Puerto Rico konzentrieren sich die Garküchen dagegen eher auf bestimmte Regionen. Sehr beliebt ist Piñones, östlich von San Juan an der Ruta 187. Entlang der Uferstraße reiht sich ein Stand an den anderen: Frittiertes, Meeresfrüchte, Schweinebraten, Kokoswasser und kalte Getränke werden angeboten. Man sagt, dass die afrikanischen Einflüsse in der puertoricanischen Küche hier besonders stark zu spüren sind. Bei meinem letzten Besuch habe ich ganze 75 Buden und Bars gezählt – kein Wunder, ist diese Gegend doch vor allem an den Wochenenden ein beliebtes Ausflugsziel. Was Sie hier auf jeden Fall probieren müssen, sind »Bacalaitos«, knusprig frittierte Fischküchlein aus Kabeljau, die beinahe Frisbee-Ausmaße erreichen. Oder »Alcapurrias« aus Maniokteig, die mit Fleisch oder Krabben gefüllt sind. Das Essen ist schmackhaft, aber ziemlich fettig. Deshalb sollten Sie nicht allzu häufig an diesen Ständen essen, wenn Sie weiterhin im Beach-

Volleyball-Team mitspielen wollen ... Die Snacks sind weder besonders scharf noch allzu stark gewürzt. Dafür stehen auf allen Tischen Fläschchen mit eingelegten Chilischoten bereit, sodass Sie nach Belieben nachwürzen können. Eine andere Spezialität dieses Strandes ist »Pionino«: Ein Ring aus gebratener Gemüsebanane wird mit einer Tomaten-Krabben-Mischung (»Salmorejo«) gefüllt, mit Teig bedeckt und dann frittiert. Eine sehr sättigende Angelegenheit!

Im guten alten San Juan gibt es da schon eine leichtere Kost. Wenn Sie an einem Straßenfest teilnehmen, können Sie sich mit »Piña Colada«, jeder Menge Süßigkeiten, Eiscreme, Gemüsebananenchips und Zuckerwatte »stärken«. Wenn man von San Juan etwa 45 Minuten durch die Berge fährt, gelangt man nach Guavate, wo man ein köstliches, am Spieß gegrilltes Spanferkel (»Lechonera«) essen kann. Der Ort ist ein beliebtes Ausflugsziel für die ganze Familie, denn hier kommt kulinarisch jeder auf seine Kosten. Es gibt sogar »Pavochón«, einen ebenfalls am Spieß zubereiteten Truthahn. Das Schweinefleisch ist mit Adobo gewürzt und wird gegrillt, bis die Schwarte knusprig und das Fleisch zart und saftig ist.

Eine andere puertoricanische Spezialität sind »Pastilles«: Man wickelt eine Fülle aus pürierten Gemüsebananen und Rinderhack oder Huhn in Bananenblätter und Papier, verschnürt die Päckchen und dämpft sie. Auch Salzfischsalat, gelben Reis mit Bohnen, gedämpfte Kutteln und »Cassava Escabeche«, also Maniok (Kassave) süßsauer eingelegt, können Sie dort entdecken – Letzteres fand ich überaus köstlich. Eine unwiderstehliche Leckerei sind auch die »Helados« von Ponce an der Südküste. Auf dem Marktplatz,

gegenüber der Feuerwache, werden Sie auf eine lange Schlange von Eiskäufern stoßen. Es fällt schwer, sich zwischen den Sorten Kokosnuss, Guanábana (Stachelannone), Tamarinde und Erdnuss zu entscheiden. (Und das waren längst nicht alle Sorten!) Wir leckten an unserem Eis, während wir umherbummelten und konnten der Versuchung nicht widerstehen, noch einmal zurückzukehren und Nachschub zu holen. Ich kann mich nicht erinnern, je eine köstlichere Eiscreme gegessen zu haben!

NÜTZLICH & WISSENSWERT

Weitere Tipps finden Sie auch bei den einzelnen Rezepten.

Maßangaben Es macht nicht wirklich einen Unterschied, ob Sie eine große Zwiebel, Kartoffel oder Tomate anstelle einer mittleren oder zwei Esslöffel Petersilie anstelle von nur einem verwenden. Die Menge mancher Zutaten ist eher eine Angelegenheit des Geschmacks oder des Beliebens, weshalb Sie einfach ihrem gesunden Menschenverstand folgen sollten. Bei Backrezepten und Desserts sollten Sie sich jedoch schon an die genauen Maßangaben halten, da ein gutes Ergebnis hier sehr wohl auf Präzision beruht.

Töpfe, Pfannen und Messer Ich danke meiner Mutter, dass Sie mir eingehämmert hat, wie wichtig es ist, ein paar gute Töpfe zu besitzen. Am besten sind Kasserollen aus rostfreiem Stahl mit massivem Boden, eine stabile gusseiserne Bratpfanne und ein schwerer solider Eisentopf mit Deckel. Gelegentlich benötigen Sie auch einen Bräter für den Ofen. Bei Fans von Rührgebratenem ist der Wok unerlässlich. Diese Topfauswahl genügt für die Zubereitung der meisten Gerichte. Keinesfalls fehlen dürfen die besten Freunde von Koch und Köchin – ein paar gute Messer! Ich schwöre auf mein Hackmesser, es ist auch nicht verkehrt, wenn Sie über ein gutes mittleres Messer zum Schneiden und Hacken und über ein kleineres zum Schaben und Schälen verfügen. Nur scharf müssen sie sein.

Speiseöl Ich habe mich daran gewöhnt, häufig mit Olivenöl zu kochen, wirklich erforderlich ist es jedoch nur für Dressings oder Pasta, bei denen das Aroma deutlich hervortritt. Kokosöl, das gebratenen Speisen, »Rundowns« und »Oiled Downs« ein herrliches Aroma verleiht, war auf den Inseln schon immer populärer. Vor allem zum Braten sollten Sie leichtere Sorten wie Mais-, Soja- oder Erdnussöl verwenden.

Nichts verfeinert Eier, eine Sauce oder Pürees besser als Butter. Ich habe mich von Margarine eigentlich verabschiedet. Wenn Sie mit Butter kochen und ein Anbrennen vermeiden möchten, sollten Sie etwas Öl dazugeben.

Essig Wir verwenden gewöhnlich hellen Essig, zum Beispiel Zuckerrohressig für Pickles und Salate; manche Gerichte profitieren jedoch gerade von weniger säurehaltigen Sorten, etwa Rotwein- und Weißweinessig oder Aceto Balsamico.

Kräuter und Gewürze Ich verwende möglichst frische Kräuter; sollten Sie jedoch nur getrocknete zur Hand haben, verwenden Sie davon etwas weniger, da sie mehr ausgeben als die frischen. Verzichten Sie auf die Garnierung, wenn Sie keine frischen Kräuter haben, da getrocknete Blätter nicht besonders attraktiv aussehen (zur Not geht auch das fein gehackte Grün von Frühlingszwiebeln). Apropos: Wenn im Rezept »gehackte Frühlingszwiebeln« steht, dann sind damit die weißen und grünen Teile gemeint. Verwenden Sie möglichst frisch gemahlenen schwarzen Pfeffer, es sei denn, ich habe im Rezept ausdrücklich weißen Pfeffer angegeben. Bei Chili habe ich einen Mittelweg eingeschlagen, da die Schärfe eines Gerichts immer dem Einzelnen überlassen bleiben sollte. Sie müssen sich auch nicht unbedingt auf die angegebenen Scotch-Bonnet-Chilis versteifen, sondern können sie durch eine andere scharfe (rote) Chilisorte oder -sauce ersetzen. Letztere sollte jedoch nicht zu viel Essig enthalten, da der Geschmack sonst eine säuerliche Note erhält.

Zitrusfrüchte Auch für Limetten, Zitronen und Bitterorangen gilt, dass sie untereinander ausgetauscht werden können, es sei denn, sie sind die Hauptzutat eines Gerichts.

Hähnchen waschen Wenn ich sage »das Hähnchen waschen«, weiß bei uns zu Hause jeder, was damit gemeint ist. Auf dem Festland sehen mich die Leute bei diesen Worten jedoch oft an, als sei mir gerade die Nase aus dem Gesicht gefallen. Wir in der Karibik waschen das Hähnchen, gleichgültig, ob es frisch geschlachtet wurde, in Styropor abgepackt ist oder in Wachspapier gewickelt vom besten Delikatessenladen der Stadt stammt. Und zwar tun wir das mit Salzwasser und Essig oder in einem Bad aus Limettensaft (kein Nachspülen mit Wasser nötig). Danach wird das Fleisch trockengetupft und gewürzt. Vertrauen Sie mir – es schmeckt einfach besser!

Vorbereiten von getrocknetem Salzfisch oder Räucherhering Getrockneter Salzfisch (normalerweise Kabeljau) ist eine beliebte Zutat und leicht vorzubereiten. Der getrocknete Fisch wird zunächst über Nacht in kaltem Wasser eingeweicht. Ich spüle ihn gewöhnlich nur unter fließend kaltem Wasser ab und bringe ihn dann in einem Topf mit Wasser zum Kochen. Anschließend gieße ich das Wasser ab, fülle den Topf erneut mit Wasser und lasse das Ganze wieder kochen. Schließlich wird der Fisch zum Abkühlen aus dem Wasser genommen. Dann die Haut (falls vorhanden) entfernen und den Fisch mit zwei Gabeln oder den Fingern in kleine Stücke zerpflücken – fertig ist die Vorbereitung. Falls Ihnen der Aufwand dennoch zu groß ist: Vorbereiteter Salzfisch wird in Dosen (auch als »Bacalao« oder »Morue«) angeboten. Räucherhering gibt es auch als kleine gesalzene Filets in Öl zu kaufen. Sie brauchen die Filets dann nur in eine Schüssel zu geben, kochendes Wasser darüber gießen, sie zehn Minuten im Wasser liegen lassen und dann abgießen. Machen Sie das zweimal, wenn Sie glauben, dass der Fisch noch zu salzig ist. Zerteilen und entgräten Sie den Fisch dann vor der Weiterverwendung.

Kokosmilch herstellen Wenn Sie eine frische Kokosnuss kaufen, sollten Sie eine auswählen, die ziemlich schwer (also vollreif) ist. Schütteln Sie sie, um sicherzustellen, dass sie voller Flüssigkeit ist. Zum Öffnen der Nuss benötigen Sie etwas Kraft: Bohren Sie mit einem spitzen Eispfriem Löcher in zwei der »Augen« und lassen Sie das Kokoswasser herauslaufen. Schlagen Sie die Nuss dann zwischen den Augen auf, um die Schale aufzubrechen. Nun stemmen Sie mit einem Schälmesser das weiße Fleisch von der Schale ab. Um das Kokosfleisch zu zerkleinern, verwenden Sie am besten den Mixer. Ich empfehle, jeweils ein paar Stücke zusammen mit etwas Wasser zu verarbeiten. Abseihen, das zerkleinerte Kokosfleisch durch ein Sieb oder ein Passiertuch drücken und die milchige Flüssigkeit auffangen. Die Konsistenz der Kokosmilch hängt von der verwendeten Wassermenge ab. Eine gute Regel: doppelt so viel Wasser wie zerkleinertes Kokosfleisch verwenden. Besonders cremige Kokosmilch ist ideal für Desserts. Die Maßangaben in meinen Rezepten entsprechen der Verwendung von herkömmlicher Kokosmilch in Dosen.

Nun sind Sie bestens gerüstet, um mich zum karibischen Festschmaus zu begleiten!

Appetizer

AMUSE-GUEULE, SNACKS & KNABBEREIEN

Wir »Westindies« lieben es, unsere Gäste zu verwöhnen. Wir möchten sie an unserer Kultur teilhaben lassen und sie sofort mit unseren Spezialitäten bekannt machen. Die Chance, dass man Ihnen unmittelbar nach ihrer Ankunft an einem schattigen Plätzchen einen kühlen Drink offeriert, ist deshalb sehr groß – und es wird gewiss nicht lange dauern, bis ein typischer Leckerbissen folgt. So ein Besuch eines Verwandten oder Gastes aus dem Ausland ist eine wunderbare Gelegenheit, sich freizunehmen und ein paar Freunde im Patio zu versammeln. Meistens wird daraus dann ein fröhlicher Umtrunk. Obwohl man vielleicht mit einer Limonade aus frisch gepresstem Limettensaft begonnen hat, wird man schon bald auch Bier oder Rum anbieten. Zu alkoholischen Getränken werden pikante Snacks gereicht, deren Größe und Zusammensetzung variieren kann, je nachdem, um welche Gelegenheit es sich handelt und wie groß der Abstand zur nächsten Mahlzeit ist. Solche Snacks heißen in Trinidad »Cutters«. Dahinter verbergen sich geröstete Erdnüsse und Cashews, gebackene Bananen und Gemüsebananen oder Kokos-Chips. Aber auch Fisch wird gereicht, etwa »Bul Jol« aus Trinidad, der jamaikanische »Salzfisch-Snack« (Seite 47) oder »Solomon-Gundy« (Seite 45), serviert auf Kräckern; Ackra (Salzfisch-Fritters) oder Salsa-Dips dürfen ebenfalls nicht fehlen. Auf einer Cocktailparty erweitern wir das Angebot noch: Ackee-Canapés, Escoveitch-Fisch, Cocktail-Pastetchen, Fleischbällchen, Garnelen, geräucherter Marlin, gefüllte Eier, Krabbenfrikadellen ... Noch etwas später eignen sich manche dieser Partyhäppchen durchaus auch als Vorspeisen für das Abendessen.

Avocado-Dip (Guacamole)

Avocados heißen auf den englischsprachigen Inseln »Pears« und werden gewöhnlich ganz einfach in Scheiben geschnitten und mit Salz und Pfeffer serviert oder zwischen zwei Brotscheiben gegessen. Diese Praxis kam auf, weil die Avocado früher, als es noch keine Kühlschränke gab, anstelle von Butter als Brotaufstrich diente. Die Avocado ist bei uns Insulanern so beliebt, dass sie in der Saison so gut wie bei keiner Mahlzeit fehlen darf. Die Sorten, die auf den Westindischen Inseln wachsen, sind ziemlich groß und haben ein sehr cremiges Fruchtfleisch.

Zubereitungszeit: 10 Minuten. Ergibt 4 – 6 Portionen.

2 kleine Avocados oder eine große karibische Avocado, halbiert und entsteint
1 große Tomate, entkernt und gehackt
1 Zwiebel, klein gewürfelt
1 EL frisch gepresster Limettensaft (ersatzweise Zitronensaft)
2 EL frischer Koriander, fein gehackt
1/2 – 1 TL Chilisauce
Salz und Pfeffer

1. Das Fruchtfleisch der Avocado/s mit einem Löffel herauslösen und in eine Schüssel geben. Die anderen Zutaten hinzufügen und alles vermischen (das Fruchtfleisch der Avocado/s sollte ein wenig klumpig bleiben). Bis zum Servieren kalt stellen.
2. Mit Gemüsebananenchips oder Tostones (Seite 172) servieren.

Dip aus Schwarzen Bohnen

Kuba

Schwarze Bohnen sind ein grundlegender Bestandteil des Speiseplans auf den spanischsprachigen Inseln. Dieser Dip ist vor allem auf Kuba sehr beliebt.

Zubereitungszeit: 15 Minuten. Ergibt 6 – 10 Portionen (ca. 500 ml).

425 g gekochte Schwarze Bohnen
1 Knoblauchzehe, fein gehackt
60 ml saure Sahne oder Naturjogurt
3 EL frischer Koriander, gehackt & 1 EL zum Garnieren
1 Spritzer Chilisauce (nach Belieben)
1 Prise Salz

1. Die Bohnen gründlich abgießen und in der Küchenmaschine mit den anderen Zutaten vermischen.
2. Mit dem Koriander garnieren und mit Maischips, Minitoasts oder Crudités servieren.

Salzfisch-Dip mit Curry

Dieser Dip ähnelt dem Gundy-Cream-Cheese-Dip (siehe Tipp, Seite 45), ist aber wesentlich pikanter – und kommt immer sehr gut an!

Zubereitungszeit: 25 Minuten zum Kochen des Salzfisches (oder über Nacht zum Wässern) & 20 Minuten für das Weichwerden des Käses & 15 Minuten. Ergibt 4 – 6 Portionen.

225 g Frischkäse

175 g vorbereiteter Salzfisch oder Kabeljau aus der Dose, abgegossen

1 feste Tomate, entkernt und fein gehackt

1 Zwiebel, fein gehackt oder gerieben

1 Knoblauchzehe, gepresst

Saft und geriebene Schale einer Limette oder Zitrone

1 TL Chilisauce oder sehr fein gehackte Chilischote

2 EL Currypaste

2 EL frischer Koriander oder frische Petersilie, fein gehackt, zum Garnieren

1. Käse aus dem Kühlschrank nehmen und 15 – 20 Minuten bei Zimmertemperatur weich werden lassen, da Sie ihn dann leichter verarbeiten können.
2. Inzwischen den Salzfisch so vorbereiten, wie es (auf Seite 39) beschrieben ist oder den Dosenfisch abgießen.
3. Den Fisch nun mit einer Gabel zum Käse hinzufügen. Die restlichen Zutaten ebenfalls mit der Gabel daruntermischen und mit dem Limettensaft, der Limettenschale, Chili und Curry nach Belieben abschmecken. Achten Sie darauf, dass alles gut vermischt ist. (Wenn Sie eine Küchenmaschine verwenden, wird die Masse etwas flüssiger – sie schmeckt dann zwar ebenso köstlich, sieht aber besser aus, wenn sie etwas fester ist.)
4. Die Masse in eine Schüssel füllen und bis zum Servieren kalt stellen.
5. Zum Garnieren mit dem Koriander oder der Petersilie bestreuen. Servieren Sie diesen Dip doch einmal mit Crudités!

Solomon-Gundy

Dieser meist einfach »Gundy« genannte Aufstrich wird aus geräuchertem Salzhering oder Shad und Gewürzen zubereitet und ist eine Spezialität mit einer langen Tradition. Manche sagen, der Name sei von »Salmagundis« abgeleitet, einem fein gehackten Salat aus verschiedenen Zutaten, der am Hofe von Ludwig XIV. in Frankreich seinen Ursprung hat. Heute gibt es Gundy servierfertig im Glas. Es ist sehr aromatisch, wird auf ähnliche Weise wie »Gentleman's Relish« (Sardellenbutter) verwendet und ist in Bars sehr beliebt. Wird Gundy auf Cracker als pikanter Snack zum Drink gereicht, ist es schwierig, den Teufelskreis zu durchbrechen: Nach jedem Gundy-Snack braucht man einen Drink und danach hat man sofort wieder Lust auf den nächsten Snack. Wenn man einmal auf den Geschmack gekommen ist, kann man gar nicht genug davon kriegen.

Siehe auch die leckere Gundy-Pasta auf Seite 96.

Zubereitungszeit: 1 – 2 Stunden zum Wässern & 10 Minuten.

125 g geräucherte Heringsfilets

1/2 Zwiebel

1/2 – 1 Scotch-Bonnet-Chilischote, entkernt (oder eine andere scharfe Chili)

4 TL Zuckerrohressig oder destillierter (weißer) Malzessig

3 TL Pflanzenöl

1. Den Hering 1 Stunde lang in kaltes Wasser legen und dann kosten. Das Wasser auswechseln und den Fisch, falls er noch zu salzig ist, weiter wässern. Allerdings sollte der Hering danach nicht völlig salzlos sein. Siehe dazu auch die Heißwassermethode, die auf Seite 39 beschrieben ist.
2. Zerteilen Sie das Fleisch mit den Fingern oder zwei Gabeln.
3. Nun sämtliche Zutaten fein hacken und vermischen (was ich vorziehe) oder alles im Mixer verarbeiten (macht die Masse allerdings sehr glatt).

Tipp: Gundy kann auf Cracker oder Toast genossen werden und hält in einem fest verschlossenen Gefäß tiefgekühlt mindestens einen Monat lang.

Variante: Für Gundy-Cream-Cheese-Dip vermischen Sie mit einer Gabel 225 g weichen Frischkäse mit 2 – 3 EL Solomon-Gundy. Stellen Sie die Masse in einer hübschen Schüssel oder auf einem großen Rote-Bete-Blatt kühl und servieren Sie sie dann mit Crackern oder Crudités. Auch wenn Sie es nicht glauben wollen – Gundy kann süchtig machen!

Salzfisch-Snack (Jamaika) oder Bul Jol (Trinidad)

Jamaika + Trinidad

Dieser fein gehackte Salat, der in Jamaika und Trinidad kredenzt wird, kann entweder mit Salzfisch oder mit geräuchertem Hering zubereitet werden. Der Name variiert ebenso wie die eine oder andere Zutat (zum Beispiel verwendet man manchmal auch hart gekochte Eier oder Avocados), aber wer einmal das Aroma von Limette und Chili gespürt hat, wird sich in diese unglaublich köstliche Verbindung verlieben. Traditionell wird der Salat auf Crackern zu Drinks serviert.

Zubereitungszeit: 25 Minuten zum Kochen des Salzfisches (oder über Nacht zum Wässern) & 15 Minuten & 1 Stunde zum Marinieren. Ergibt 6 – 8 Portionen.

225 g getrockneter Salzfisch (Kabeljau oder Hering), vorbereitet (Seite 39) oder Salzfisch aus der Dose, gut abgegossen

1 Zwiebel, fein gehackt

1/2 Scotch-Bonnet- oder andere scharfe Chilischote, entkernt und fein gehackt

2 – 3 EL frische Petersilie, fein gehackt

1 grüne Süßpaprika, entkernt und fein gehackt

2 feste Tomaten, fein gehackt

Für das Dressing:

Saft von 1 Limette

2 EL Oliven- oder Pflanzenöl

frisch gemahlener schwarzer Pfeffer zum Abschmecken

1. Den vorbereiteten Salzfisch mit allen anderen Zutaten mit Ausnahme der Tomaten in eine Glas- oder Keramikschüssel geben.
2. Die Zutaten für das Dressing vermischen, anschließend ebenfalls in die Schüssel geben und alles gut vermengen. Mit Frischhaltefolie zudecken und (im Idealfall) über Nacht im Kühlschrank aufbewahren. Falls dies nicht möglich ist, mindestens 1 Stunde kalt stellen, damit sich die Aromen verbinden können.
3. Kurz vor dem Servieren die Tomaten hinzufügen und mit den anderen Zutaten vorsichtig vermischen. Auf Crackern oder kleinen runden Toastscheiben servieren.

Knusprig-salzige Knabbereien

Hausgemachte Gemüsechips sind köstlich und werden häufig aus Resten vom Vortag zubereitet. Im Ofen gebacken (Kokosspäne) oder in heißem Öl frittiert (Süßkartoffeln) genießt man sie am besten sofort. Industriell hergestellte Chips aus grünen Bananen oder Kochbananen sind in der Karibik sogar beliebter als Kartoffelchips.

Karibische Brotfruchtchips

Rezept vom Land

Eine Ladung Brotfruchtsetzlinge für die Kolonie Westindien sollte Kapitän Bligh an Bord der »Bounty« über den Südpazifik transportieren. Unterwegs kam es zur berühmten »Meuterei«, die uns aus Literatur und Film wohlbekannt ist. Erst auf einer späteren Fahrt gelang es Kapitän Bligh 1793 schließlich, die Brotfrucht von Tahiti nach Jamaika zu bringen. Von dort aus fand die stärkehaltige Frucht überall auf den Inseln Verbreitung und wurde zu einem der beliebtesten Gemüse der gesamten Karibik. Der beeindruckende Brotfruchtbaum ist hoch und hat große, schön gefingerte Blätter. Die Brotfrucht mit ihrem cremefarbenen Fruchtfleisch besitzt ein ganz spezielles Aroma. Sie ist nur saisonal erhältlich und muss vor dem Verzehr gekocht werden.

Dieser Snack wird am besten aus Brotfruchtresten vom Vortag und aus übrig gebliebener gerösteter Brotfrucht zubereitet.
Zubereitungs- und Kochzeit: 15 Minuten & Rösten der Brotfrucht. Ergibt rund 16 Scheiben.

1 geröstete Brotfrucht (Seite 180), geschält, ohne Strunk und in 1 cm dicke Scheiben geschnitten
Öl zum Frittieren, Salz

1. Das Öl in einer großen Pfanne erhitzen und die Brotfruchtscheiben im schwimmenden Fett auf beiden Seiten goldbraun braten.
2. Auf Küchenkrepp abtropfen lassen. Noch warm mit Salz bestreuen und servieren.

Tipp: Man kann natürlich auch kleinere Stücke zubereiten, die in Limetten-Vinaigrette getaucht werden (Seite 191).

Salzfisch-Fritters

Diese mundgerechten Küchlein – die »Stamp and Go«, »Ackra« oder auf Jamaika liebevoll »Flitta« genannt werden – ähneln den »Bacalaitos« aus Puerto Rico, sind aber viel kleiner.
Zubereitungszeit: 25 Minuten zum Kochen des Salzfisches (oder über Nacht zum Wässern) & 20 Minuten & 20 Minuten zum Kochen. Ergibt etwa 24 Stück.

175 g Weizenmehl
1 TL Backpulver
225 g Salzfisch, vorbereitet (Seite 39) und zerteilt, oder Kabeljau aus der Dose, gut abgetropft
3 Frühlingszwiebeln, gehackt (weiße und grüne Teile verwenden)
2 Knoblauchzehen, fein gehackt
1 große Eiertomate, entkernt und fein gehackt
1/2 Scotch Bonnet- oder andere scharfe Chilischote, entkernt und fein gehackt, oder ein paar Spritzer Chilisauce
1 Ei, verquirlt
60 ml Milch oder kaltes Wasser
etwa 60 ml Öl zum Braten
Anattosamen (nach Belieben)

1. Mehl und Backpulver zusammen sieben. Den vorbereiteten Salzfisch und die fein gehackten Zutaten vermengen, hinzufügen und alles gut durchmischen. Dann das verquirlte Ei einrühren.
2. Jetzt nach und nach die Milch oder das kalte Wasser zugießen und rühren, bis ein klumpiger Teig entsteht.
3. Das Öl in einer großen Pfanne mit starkem Boden erhitzen und (falls vorhanden) Anattosamen zum Einfärben hinzufügen.
4. Den Teig nacheinander löffelweise in die Pfanne mit dem heißen Öl geben. Die Küchlein auf beiden Seiten goldbraun braten. Mit einem geschlitzten Löffel herausnehmen und auf Küchenkrepp abtropfen lassen.

Tipp: Probieren Sie Krabben-Fritters als noch delikatere Variante! Einfach den Salzfisch durch 225 g zerkleinertes Krabbenfleisch ersetzen.

Fritters können auf unterschiedliche Art und Weise zubereitet werden. Vergleicht man die Variationen auf den Inseln, so stellt man fest, dass der Teig in manchen Gegenden leichter und luftiger ist (je nach Verwendung von Backpulver oder verquirltem Ei). Manche werden aus Wurzelknollen, etwas geriebenen Süßkartoffeln oder Yams (anstelle von Weizen- oder Maismehl) hergestellt.

Pikante Fritters schmecken mit oder ohne Sauce: Probieren Sie sie mit Love-Apple-Sauce (Seite 194) oder einer Tomaten-Coulis. Fritters sollten Sie sofort nach der Zubereitung servieren, da sie sonst klitschig werden.

Maismehl-Kürbis-Fritters

Jamaika

Hier werden zwei in der Karibik sehr beliebte Zutaten kombiniert. Aufgrund des Maismehls haben diese Fritters mehr Substanz und sind nahrhafter als viele andere. Ihre Zubereitung ist sehr einfach, sie schmecken gut, sättigen und eignen sich zu jeder Zeit als köstlicher Snack. Wenn man sie mit einer frischen Tomatensauce, etwa der leckeren Love-Apple-Sauce (Seite 194) serviert, sind sie noch besser!

Zubereitungszeit: 15 Minuten & 20 Minuten zum Kochen. Ergibt etwa 16 Fritters.

130 g feines gelbes Maismehl
50 g Weizenmehl
1 TL Backpulver
1/2 TL gemahlener Kreuzkümmel
1 Tasse grob geriebener Kürbis
1 Frühlingszwiebel, fein gehackt
1/2 TL Scotch-Bonnet- oder eine andere scharfe Chilisorte, fein gehackt (nach Belieben)
1 Ei, verquirlt
1/4 Tasse Wasser
Salz und Pfeffer
Speiseöl zum Braten

1. Alle »trockenen« Zutaten in einer Schüssel vermischen.
2. Kürbis, Frühlingszwiebel und Chili hinzufügen, das Ei einrühren und so viel Wasser zugießen, bis die Konsistenz glatt und dick ist. (Einfach ausprobieren – vielleicht brauchen Sie etwas mehr oder auch etwas weniger Wasser.)
3. Das Öl zum Braten in einer schweren Pfanne sehr heiß werden lassen.
4. Mit einem Löffel nacheinander kleine Portionen vom Teig in das heiße Öl geben und die Fritters rundum goldbraun braten Auf Küchenkrepp abtropfen lassen, um überschüssiges Öl zu entfernen. Sofort servieren.

»Bite & Kiss« (Jerk-Shrimp mit saurer Sahne & Mangosalsa)

Jerk-Shrimp ist sehr scharf, wird aber durch den Gegensatz zwischen Saure-Sahne-Mischung und pikanter Salsa sofort abgemildert. Kreiert wurde das Rezept von Joseph Lamarca, einem amerikanischen Koch, der damit einen internationalen Wettbewerb für Jerk-Rezepte gewonnen hat. Das Geheimnis: Die Garnelen erst in die saure Sahne und dann in die Salsa dippen, so dass Sie mit jeden Biss von allem etwas auf der Gabel haben. Der Shrimp wird wie von Zauberhand im Nu verschwunden sein, das verspreche ich Ihnen!

Zubereitungszeit: 1 Stunde zum Marinieren & 10 Minuten zum Kochen & 20 Minuten. Ergibt 6 Portionen.

Für die Shrimps:

1 kg frische Riesengarnelen, ohne Schale und Darmfaden

3 EL Jerk-Würze (Seite 127 oder ein Fertigprodukt)

4 EL Olivenöl

Für die Salsa:

1 rote Paprika, entkernt und gewürfelt

1 grüne Paprika, entkernt und gewürfelt

1 Vidalia oder eine andere milde Zwiebel (z.B. eine rote), gehackt

1 Selleriestange, gewürfelt

1 feste Mango, geschält, entkernt und gewürfelt

Für das Salsa-Dressing:

60 ml Olivenöl

2 EL Weinessig

Salz und Pfeffer

Für den Saure-Sahne-Dip:

4 EL saure Sahne

4 EL Mayonnaise

1 EL Sahnemeerrettich

1 TL Zitronensaft

1. Garnelen, Jerk-Würze und Öl vermischen, in den Kühlschrank stellen und dort 1 Stunde abgedeckt marinieren lassen.
2. Während die Garnelen marinieren, bereiten Sie die Salsa zu. Dazu alle gewürfelten Zutaten in einer separaten Schüssel miteinander vermengen.
3. Die Zutaten für das Salsa-Dressing verrühren und unter die Salsa-Zutaten mischen.
4. Für den Dip saure Sahne, Mayonnaise, Sahnemeerrettich und Zitronensaft in einer Schüssel vermengen und zugedeckt bis zum Servieren im Kühlschrank aufbewahren.
5. Elektrogrill auf mittlerer Stufe vorheizen oder Holzkohlengrill entfachen.
6. Die marinierten Garnelen abtupfen und portionsweise auf jeder Seite 2 Minuten grillen.
7. Zum Servieren die Saure-Sahne-Mischung in der Mitte eines großen Tellers oder eines großen Salatblatts anrichten. Die Garnelen darum herumplatzieren und dazwischen noch etwas Platz für einen Löffel Salsa lassen.

Hähnchenflügel in Zitrussauce

Diese leckeren Hähnchenflügel sind süß und pikant zugleich.

Vorbereitungs- und Kochzeit: 1 Stunde zum Marinieren & 30 Minuten. Für 12 Hähnchenflügel.

12 Hähnchenflügel

Für die Würze:

1 TL Knoblauchpulver

1/2 TL getrockneter Thymian

1 TL Zwiebelpulver

1 TL Chilisauce

Salz und weißer Pfeffer

Für die Sauce:

Saft von 1 Grapefruit

Saft von 1 Orange

Saft von 1 Limette

1 EL weißer Essig

175 g brauner Zucker

1 TL gemahlener Kreuzkümmel

1/2 Scotch-Bonnet- oder andere scharfe Chilischote, entkernt und fein geschnitten

1 nicht zu voller EL geriebene Orangenschale

etwas Speiseöl zum Braten

1. Die Hähnchenflügel waschen und trockentupfen. Dann mit dem Knoblauchpulver, Thymian, Zwiebelpulver und der Chilisauce einreiben und nach Belieben salzen und pfeffern. Zudecken und 1 Stunde lang abgedeckt im Kühlschrank marinieren lassen.
2. Inzwischen die Säfte frisch pressen (insgesamt benötigen Sie etwa 225 ml) und in eine Pfanne ohne Stiel gießen. Die anderen Zutaten für die Sauce mit Ausnahme der Orangenschale zugeben. Erhitzen, bis die Sauce aufwallt und anschließend etwa 30 Minuten eindicken lassen. Die Orangenschale wird erst ganz zum Schluss zugegeben.
3. Während die Sauce eindickt, das Grillfeuer anzünden beziehungsweise den Elektrogrill oder den Backofen auf 180° C / Gasstufe 4 vorheizen.
4. Die Hähnchenflügel auf ein geöltes Backblech oder in eine Grillpfanne legen und – falls Sie es für notwendig halten – auch mit Öl bepinseln. 25–30 Minuten oder so lange garen, bis der Saft herausfließt, wenn Sie die dickste Stelle der Flügel mit einem feinen Spieß einstechen. Das überschüssige Öl auf Küchenkrepp abtropfen lassen.
5. Die Hähnchenflügel mit der Sauce übergießen und sofort servieren. Oder die Sauce in eine Schüssel geben und als Dip mit dem Hähnchen auftragen.

»Amuse-bouche« bedeutet so viel wie »Amüsement für den Gaumen« oder »Gaumenfreude« und ist eine wundervolle Möglichkeit, ein neues Gericht oder eine neue Kochrichtung auszuprobieren. In der Karibik bieten Restaurants viele kleine Portionen dieser köstlichsten Leckerbissen an, sodass man – ganz ohne Risiko – ein wenig von diesem und etwas von jenem kosten kann. Die Chinesen machen das mit leckerem Dim Sum, also warum sollte dieses »klein und fein« nicht auch mit karibischen Köstlichkeiten funktionieren?

Fischfrikadellen mit Cocoyam oder Eddo

Traditionelle Fischfrikadellen sind zwar an sich schon überaus schmackhaft, aber es gibt keinen Grund, weshalb man sie nicht noch ein wenig aufregender gestalten sollte. Diese Küchlein hier sind einzigartig, weil wir anstelle der traditionellen Kartoffeln gekochte Coco (Eddo-Wurzel) mit ihrem delikaten Nussaroma verwenden. Man kann sie allerdings auch durch andere Knollen, zum Beispiel Yams, Maniok- oder Kassavewurzel oder wenn's gar nicht anders geht durch schnöde Kartoffeln ersetzen.
Zubereitungszeit: 1 Stunde & 20 Minuten zum Kochen. Ergibt zehn mittelgroße Frikadellen oder 20 Partysnacks.

450 g Cocoyam (Eddo), geschält und in Stücke geschnitten
1 EL Butter
350 g gekochte Fischfilets, z.B. Schnapper, Tilapia-Barsch oder eine andere Fischart mit geschichtetem Fleisch
1 Zwiebel, fein gehackt
2 Frühlingszwiebeln, fein gehackt
1/2 Scotch-Bonnet- oder andere scharfe Chilischote oder ein Spritzer Chilisauce
1/4 TL Muskatnuss, gerieben
1 EL frischer Koriander oder frische Petersilie, fein gehackt
2 EL frischer Schnittlauch, geschnitten
3 Eier
Salz und Pfeffer
etwas Mehl für die Hände
etwa 200 g Semmelbrösel, zum Panieren
etwas Speiseöl zum Braten
Zum Servieren:
Limettenspalte
Chiligelee (Seite 197)

1. Die Cocostücke je nach Größe etwa 20 Minuten in siedendem Salzwasser kochen, bis sie weich sind. Dann abgießen, Butter zugeben, die Stückchen zerdrücken und abkühlen lassen.
2. Fisch, Zwiebel, Frühlingszwiebeln, Chili, Muskatnuss, Koriander oder Petersilie und Schnittlauch dazugeben und alles vermengen. Mit Salz und Pfeffer abschmecken. 1 Ei einrühren und gut durchmischen.
3. Die Hände mit Mehl bestäuben und die Frikadellen formen. Auf ein Backblech setzen und 30 Minuten kalt stellen.
4. Die restlichen Eier verquirlen. Jede Fischfrikadelle in die Eimasse tauchen und dann in den Semmelbröseln wälzen.
5. Das Öl in einer tiefen Bratpfanne bei mäßiger Wärmezufuhr erhitzen und wenn es heiß ist, die ersten Frikadellen hineinsetzen. Auf jeder Seite etwa 5 Minuten oder so lange braten, bis sie goldbraun sind.
6. Mit Limettenspalten garnieren und mit einem Klecks Chiligelee heiß oder kalt servieren.

Tipp: Diese Fischfrikadellen sind überaus vielseitig. Sie können aus fast jeder Fischsorte oder einer Kombination aus Salzfisch (Kabeljau) und frischem Fisch zubereitet werden. Besonders köstlich werden sie, wenn man eine große Hand voll gekochter und geschälter Garnelen zur Fischmischung gibt.

Jerk-Lammspieße mit Guaven-Dip

Jamaika

Diese ganz und gar nicht traditionelle Verwendung von Jerk macht sich auch super auf einer Cocktailparty. Dafür stecke ich nur ein einziges Fleischstück auf einen langen Holzspieß und serviere ihn mit etwas Guaven-Sauce am Rand. Das ist zweifellos ein wenig extravagant, aber wenn Sie ein gutes Stück Lamm gekauft haben, werden Ihre Gäste diese elegante Art durchaus zu schätzen wissen.

Zubereitungszeit: 1 Stunde zum Marinieren & 10 Minuten zum Kochen & Zubereiten der Guaven-Sauce.
Ergibt 12 – 18 Spieße mit mehreren Stückchen Fleisch.

1,4 kg Lammkeule ohne Knochen, etwa 4 cm groß gewürfelt
2 – 3 EL Jerk-Würze (S. 127 oder Sie verwenden ein Fertigprodukt)
1 EL Öl
Feuriger Guaven-Dip (Seite 190), zum Servieren

1. Die Lammfleischwürfel in eine Glasschüssel geben und mit der Jerk-Würze und dem Öl einreiben. Zudecken und mindestens 1 Stunde sehr kalt stellen oder tiefkühlen.
2. Das leicht gefrostete Fleisch entweder in einer Pfanne oder unter dem Elektrogrill rösten. Sie können auch mehrere Fleischstückchen auf Spieße stecken und auf den Holzkohlengrill legen. Langsam garen, bis das Fleisch die gewünschte Beschaffenheit hat – »rare« (blutig), »medium« (halb durchgebraten) oder »well done« (ganz durchgebraten). Ein- oder zweimal wenden und nicht verbrennen lassen!
3. Warm servieren und dazu Guaven-Dip reichen.

Tipp: Wenn Sie Holzspieße verwenden, sollten Sie diese vorher 20 Minuten in Wasser legen, damit sich das Holz voll saugen kann.

Suppen

ERFRISCHENDE, WÄRMENDE & TRÖSTENDE SCHÜSSELN

Es gibt ebenso viele Suppen wie Zutaten und eine ganze Reihe davon stehen mit speziellen Anlässen in Verbindung. Die »Samstagssuppe« etwa läutet das Ende der Woche ein und wird an einem Tag serviert, an dem wir meist damit beschäftigt sind, das Haus und uns selbst in Ordnung zu bringen. In der Regel gibt es einen Mittags-Eintopf, der oft mit Rindfleisch, reichlich Gemüse sowie »Blue Food« (Erklärung Seite 169) und »Hard Food« (Yams, Klößchen oder Kartoffeln) zubereitet wird.

»Mannish Water« oder »Goat Head Soup« ist dagegen eine Suppe, die auf Jamaika zu sehr feierlichen Anlässen wie einer Taufe oder einer Hochzeit auf den Tisch kommt – Festen, bei denen gewöhnlich eine Ziege für das üppige Mahl geschlachtet wird. Von der Ziege wird praktisch nichts übrig gelassen: ein Teil wird gebraten, der Rest kommt in die Suppe, von der man behauptet, dass sie aphrodisierende Eigenschaften habe. Daran erinnert auch der Name: »Mannish Water«, die »Suppe für den ganzen Kerl«. Sie wird übrigens häufig auch von Männern zubereitet, die das am liebsten über einem offenen Feuer im Freien tun.

Unsere herzhaften Suppen entsprechen so gar nicht der Vorstellung von einer leichten Mahlzeit in tropischer Hitze. Tatsächlich sind Suppen oft die Hauptmahlzeit, und damit sie satt machen, werden viele traditionelle Suppen mit Fleisch, Gemüse, Bohnen und Wurzelknollen, Nudeln oder Klößchen »aufgefüllt«. Als Grundlage dient eine Fleisch-, Hühner- oder Fischbrühe, und die Konsistenz reicht von der dünnen Brühe bis hin zum eingedickten Gumbo.

Kalte Gurkensuppe

Kalte Suppen sind in der Karibik eigenartigerweise nicht sonderlich beliebt, und man wird Sie Ihnen am ehesten in feineren Restaurants oder bei einer privaten Einladung servieren. Ich kann nicht verstehen, warum man sie nicht öfter genießt, denn sie sind erfrischend, köstlich und einfach zuzubereiten. Und Gurken gibt es wirklich überall in der Karibik!

Zubereitungszeit: 20 Minuten & 30 Minuten zum Kaltstellen. Ergibt 4 Portionen.

2 Gurken, entkernt und geschält (eine nur zur Hälfte schälen, um der Suppe etwas Farbe zu geben)
500 ml Hühnerbrühe
1/2 Zwiebel, gehackt
225 ml Naturjoghurt, plus etwas extra zum Servieren
75 g frische helle Semmelbrösel oder zwei Scheiben Weißbrot
2 EL frische Sahne, allerdings mit niedrigem Fettgehalt
1 – 2 TL Limetten- oder Zitronensaft
1/2 Scotch-Bonnet- oder eine andere scharfe Chilischote, entkernt und gehackt (nach Belieben)
Salz und weißer Pfeffer
1 Spritzer Chili-Sherry (Seite 195) oder herkömmlicher trockener Sherry zum Servieren
frische Minzeblätter zum Garnieren

1. Alle Zutaten im Mixer pürieren, bis die Masse etwa die Konsistenz von Gazpacho hat.
2. Die Suppe etwa 30 Minuten ins Tiefkühlfach stellen. Sie soll beim Servieren fast gefroren sein.
3. Den Sherry zugeben. Mit einem Klecks Joghurt und 1 Minzeblatt garnieren.

Tipp: Ein leckerer Zusatz zu dieser Suppe sind 1 oder 2 Löffel voll Solomon-Gundy (Seite 45). Wenn Sie die Suppe mit dem geheimnisvoll-köstlichen Gundy aufpeppen möchten, sollten Sie anstelle von Hühnerbrühe jedoch lieber eine Gemüse- oder Fischbrühe verwenden.

Eine Reisegeschichte Wir waren an die Nordküste von Trinidad gefahren, um die Lederschildkröten bei der alljährlichen Eiablage am Strand von Grande Rivière zu beobachten. Das Schutzgebiet (da gibt es keine Schildkrötensuppe!) liegt weitab der üblichen Touristenrouten. In der Dämmerung warteten wir mucksmäuschenstill auf den Beginn des Schauspiels. Nur das Rauschen des Meeres und die Wellen, die unablässig an die Küste schlugen, waren zu hören. Kerzenlicht erhellte unsere kleinen Tische, die zuvor von »Tutenchamun«, dem eifrigen Dekorateur des Hotels, mit rosa Blütenblättern und frischem Farn edel geschmückt worden waren.

Wir fieberten der Ankunft der Schildkröten entgegen, aber Piero, der Besitzer unseres Hotels »Mon Plaisir«, machte uns beinahe einen Strich durch die Rechnung: Er präsentierte uns die hervorragendste Fischsuppe, die ich je gegessen habe. Ein Musterbeispiel für die Fülle an Geschmack, die in einer delikat gewürzten Fischsuppe enthalten sein kann und ein Beweis, dass eine solche Suppe mit grüner Banane, Kartoffeln und Christophene oder Chayote als leichter erster Gang zu servieren ist. Das Essen war so gut, dass wir die Schildkröten fast vergaßen. Aber das ist eine ganz andere Geschichte …

Caribbean Fish Tea (Karibische Fischsuppe)

Lassen Sie sich nicht irritieren: In der Karibik wird jede heiße genießbare Flüssigkeit »Tea« genannt, Fischbrühe eingeschlossen. Dieses Rezept kann auch aus Fischköpfen und Gräten anstatt eines ganzen Fisches zubereitet werden, der Zusatz von etwas Fleisch macht das Gericht jedoch gehaltvoller. Das ist übrigens jene Suppe, die mich am Strand von Grande Rivière auf Trinidad so beeindruckt hat (siehe gegenüberliegende Seite).

Zubereitungszeit: 15 Minuten & 30 Minuten für die Brühe & 25 Minuten zum Kochen. Ergibt 6 Portionen.

1 kg saftiger frischer Fisch, z. B. Schnapper, Barsch oder Brachsen
300 ml trockener Weißwein
110 g Zwiebeln, gehackt
110 g Karotten, gewürfelt
1 TL schwarze Pfefferkörner
1 TL Salz
2 frische Lorbeerblätter (oder 1 getrocknetes)
3 Thymianzweiglein
1/2 TL Zucker
2 Scotch-Bonnet- oder andere scharfe Chilischoten
1,2 l Wasser
4 kleine grüne Bananen, geschält und in Scheiben geschnitten
2 Tomaten, geschält, entkernt und gehackt
650 g Wurzelknollen, z. B. Yams, Eddos oder Brotfrucht, gewürfelt
frische gehackte Kräuter, z. B. Petersilie, Chandon Beni, Koriander oder Schnittlauch, zum Garnieren

1. Für die Brühe Fisch, Weißwein, Zwiebeln, Karotten, Pfefferkörner, Salz, Lorbeerblätter, Thymian, Zucker, 1 Chili und Wasser in einen großen Topf geben und zum Kochen bringen. Die Wärmezufuhr reduzieren und auf kleiner Flamme zugedeckt 30 Minuten kochen lassen. Achten Sie darauf, dass Sie die Chilischote nirgends einstechen oder anderweitig verletzen.
2. Den Topf von der Kochstelle nehmen und den Inhalt etwas abkühlen lassen. Dann die Brühe durch ein feines Sieb oder ein Tuch in einen sauberen Topf seihen. Das Fleisch des Fisches von den Gräten lösen und wieder in die Brühe geben.
3. Nun die zweite Chilischote, die grünen Bananen, Tomaten und Wurzelknollen hinzufügen und dabei erneut aufpassen, dass die Chilischote nicht eingestochen oder verletzt wird. Die Suppe zum Kochen bringen, dann die Wärmezufuhr reduzieren und 15 Minuten oder so lange köcheln lassen, bis die grünen Bananen und die anderen Gemüse weich sind. Die Chilischote entfernen. Kosten und mit den Gewürzen abschmecken. Mit frischen Kräutern bestreut servieren.

Kürbis-Hummer-Suppe

Diese wunderbar dekadente Suppe vereint sämtliche Aromen der Karibik und ist deshalb die ideale Ouvertüre zu einem karibischen Festschmaus. »Calabaza«, die spanische Bezeichnung für Kürbis, ist überall auf den Inseln gebräuchlich, und diese dicke, schmackhafte Kürbissuppe ist mindestens ebenso weit verbreitet.

Zubereitungs- und Kochzeit: etwa 1 Stunde. Ergibt 6 Portionen.

1 l Gemüse- oder Hühnerbrühe
1 Hummerschwanz
50 g Butter
1 große Zwiebel, fein gehackt
2 Knoblauchzehen, zerdrückt
1 kg Kürbis, geschält, entkernt und grob gehackt
4 Eiertomaten, geschält, entkernt und gehackt
1 frisches Thymianzweiglein
1 Scotch-Bonnet- oder andere Chilischote oder 1/2 TL Chilisauce (nach Belieben)
125 ml Sahne (reduzierter Fettgehalt) oder Vollmilch
ein paar Spritzer Chili-Sherry (Seite 195) oder süßen Sherry
Speiseöl zum Bepinseln
Salz und gemahlener weißer Pfeffer
1 TL frischer Koriander, fein gehackt, zum Garnieren

1. Von der Brühe 500 ml in eine mittelgroße Kasserolle gießen und zum Kochen bringen. Dann den Hummerschwanz hineingeben und etwa 15 Minuten köcheln lassen. Den Hummerschwanz aus dem Topf nehmen und etwas abkühlen lassen. Dann das Fleisch aus der Schale lösen. Die Brühe und das Hummerfleisch beiseite stellen.
2. Die Butter bei geringer Wärmezufuhr in einer großen Pfanne zerlaufen lassen, die Zwiebel und den Knoblauch zugeben und 5 Minuten sautieren. Den Kürbis einrühren und 10 – 15 Minuten oder so lange garen, bis er weich ist.
3. Die Tomaten, den Thymian und die ganze Chilischote (falls verwendet) hinzufügen und die gesamte restliche Brühe zugießen. Erneut zum Kochen bringen, die Wärmezufuhr wieder reduzieren und etwa 20 Minuten köcheln lassen.
4. Den Topf von der Kochstelle nehmen. Chilischote und Thymian entfernen. Die Suppe im Mixer (oder mit dem Handrührer) pürieren und dabei darauf achten, dass sie nicht zu glatt wird.
5. Die Suppe in den Topf zurückgießen und langsam erwärmen. Wenn Sie keine Chilischote verwendet haben, aber der Suppe dennoch etwas Schärfe verleihen möchten, geben Sie nun die Chilisauce hinein, danach die Sahne oder Milch und den Sherry. Nun müssen Sie sie noch kosten und mit den Gewürzen abschmecken.
6. Schließlich das Hummerfleisch in Scheiben schneiden und mit etwas Öl bepinseln. Dann die Hummerscheiben in der Grillpfanne oder in einer beschichteten Pfanne ganz kurz grillen oder rösten.
7. Die Suppe in Portionsschalen füllen, in jede Schale eine Hummerscheibe geben und Koriander darüber streuen.

Tipp: Wem es nichts ausmacht, etwas mehr Zeit für diese Suppe aufzuwenden, der kann den Kürbis zuerst rösten, wodurch sein nussig-süßes Aroma erst richtig zur Geltung kommt.

Scharf-saure Meeresfrüchtesuppe

Eine Hommage an asiatisch beeinflusste karibische Rezepte, deren Zubereitung durch die Verfügbarkeit chinesischer Zutaten gewährleistet ist. Pak Choi ist nicht nur auf den Karibischen Inseln problemlos erhältlich. Wir essen es meist gedämpft als Gemüsebeilage als Alternative zu Kohl.

Zubereitungs- und Kochzeit: 25 Minuten. Ergibt 4 Portionen.

1 l Fischbrühe

1 Tilapia- oder anderes mittelgroßes Fischfilet mit weißem Fleisch, in Stücke geschnitten

4 Kammmuscheln (nach Belieben)

3 Pak-Choi-Blätter oder ein anderes »chinesisches« Gemüse

1 Frühlingszwiebel, klein geschnitten

4 Riesengarnelen

4 EL Rohrzuckeressig oder destillierter (weißer) Malzessig

2 TL Austernsauce

1/4 TL Chilisauce

Sojasauce oder Salz zum Abschmecken

1. Die Fischbrühe in einem großen Topf zum Kochen bringen. Den Fisch, die Kammmuscheln und die Pak-Choi-Blätter dazugeben, die Wärmezufuhr reduzieren und etwa 4 Minuten köcheln lassen.
2. Die Frühlingszwiebel und Garnelen hinzufügen und weitere 2 Minuten kochen lassen.
3. Dann den Essig, die Austern- und Chilisauce einrühren. Abschmecken und, falls nötig, 1 Spritzer Sojasauce oder Salz zugeben. Von der Kochstelle nehmen, den Fisch, die Muscheln (falls verwendet) und das Gemüse auf vier Suppenschalen verteilen. Die Brühe darüber gießen und sofort servieren.

Tipp: Bei diesem Rezept können Sie alle Arten von köstlichen Meeresfrüchten verwenden, die schnell gar sind.

Schnelle Pepperpot-Soup – eine »Samstagssuppe«

Jamaika

Das ist die Schnellversion ohne Schweineschwanz, gepökeltes Rindfleisch und Klößchen. Am wichtigsten bei dieser Version sind eine gute Rinderbrühe und ein paar Wurzelknollen. Wenn man diese Suppe auf traditionelle Art mit Cocos (Eddos), gelben Yams, Klößchen und Fleisch zubereitet, ist sie herzhaft und sättigend – die Zubereitung nimmt dann aber ein paar Stunden in Anspruch. In Trinidad gibt es eine ähnliche Suppe namens »Callaloo«, die jedoch Dasheen und Tanniablätter enthält und dicker als auf Jamaika ist. In St. Lucia wiederum bereitet man einen Schmortopf mit gleichem Namen zu, der noch herzhafter ist und Lamm, Hähnchen, Rind, Kürbis und grüne Bananen enthält. Der gemeinsame Nenner dieser Gerichte ist grünes Blattgemüse.
Zubereitungszeit: 20 Minuten für die Zubereitung von Callaloo und Yams & 30 Minuten Kochzeit. Ergibt 6 Portionen.

4 Cocos (Eddo-Knolle oder Wasserbrotwurzel), geschält und in 1 cm große Würfel geschnitten
225 g gelbe Yams, geschält und in 1 cm große Würfel geschnitten
2 EL Butter
1 Zwiebel, gehackt
3 Frühlingszwiebeln, klein geschnitten
2 Knoblauchzehen, gehackt
1 EL frische Thymianblätter
8 – 10 Okras, in Scheiben geschnitten
6 Pimentbeeren oder 1/2 TL gemahlener Piment
675 g frische Callaloo-Blätter oder 2 Dosen zu jeweils gut 500 g (bzw. eine entsprechende Menge Spinat)
225 ml Kokosmilch
2 l Rinderbrühe
Salz und Pfeffer
1 ganze Scotch-Bonnet- oder andere scharfe Chilischote

1. In einer Kasserolle etwas Wasser zum Kochen bringen und darin die Coco- und Yamswürfel garen, bis sie weich sind (etwa 10 – 15 Minuten). Abgießen.
2. Die Butter in einem großen Suppentopf zerlaufen lassen. Zwiebel, Frühlingszwiebeln, Knoblauch, Thymian, Okras und Piment hinzufügen und unter sanftem Rühren leicht anbraten. Die Callaloo-Blätter zufügen und die Kokosmilch einrühren. 5 Minuten oder so lange kochen, bis die Callaloo-Blätter weich sind (wenn Sie frische verwenden).
3. Die Brühe zugießen und zum Kochen bringen. 5 Minuten köcheln lassen und dann die Suppe mit einem Handmixer pürieren. (Dieser Schritt ist optional; wenn Sie keine pürierte Suppe haben möchten, können die Chilischote und die Coco- und Yamsstücke in der Brühe gekocht werden.)
4. Nach dem Pürieren, die Chilischote und die Coco- und Yamsstücke zugeben und wieder zum Kochen bringen. Mit Salz und Pfeffer abschmecken. Noch weitere 10 Minuten köcheln lassen. Kurz vor Ende der Kochzeit die Chilischote und Pimentbeeren (falls verwendet) entfernen.
5. Heiß servieren und dabei die Coco- und Yamsstücke gleichmäßig auf die Schüsseln verteilen.

Tipp: Achten Sie darauf, dass die Chilischote beim Umrühren nicht verletzt wird oder platzt, da die Suppe sonst sehr scharf wird. Wenn Sie es vorziehen, können Sie anstelle der Rinderbrühe auch Gemüse-, Hühner- oder Fischbrühe verwenden.

Rote-Bohnen-Suppe

Jamaika

Diese Suppe ist eine einfache Version, die ohne Rindfleisch oder den traditionellen jamaikanischen Schweineschwanz zubereitet wird. Es gibt aber eine Option auf schmackhafte Klößchen und alle Gewürze.

Zubereitungszeit: Über Nacht zum Einweichen & 20 Minuten & 2 1/2 Stunden zum Kochen. Ergibt 6 – 8 Portionen.

Für die Klößchen:

75 g Weizenmehl

1 Prise Salz

Für die Suppe:

knapp 3 l Gemüse-, Hühner- oder Rinderbrühe

400 g getrocknete rote Bohnen, über Nacht eingeweicht und abgespült

250 ml Kokosmilch

1 Scotch-Bonnet- oder andere Chilischote

1 Spritzer Chilisauce

2 frische Thymianzweiglein

3 Frühlingszwiebeln, klein geschnitten

4 Knoblauchzehen, zerdrückt

10 Pimentbeeren oder 1 TL gemahlener Piment

450 g Cocos (Eddos), Yams oder Süßkartoffeln, geschält und in 2,5 cm große Stücke geschnitten

Salz und Pfeffer

1. Einen großen Topf mit 2,5 l Brühe füllen. Die Bohnen zufügen und zum Kochen bringen. Die Wärmezufuhr reduzieren und auf kleiner Flamme etwa 1 1/2 Stunden zugedeckt kochen lassen.
2. Nun die Klößchen zubereiten: Mehl und Salz vermischen und genügend Wasser zugießen, um einen festen Teig herzustellen. Von diesem kleine Portionen (etwa so groß wie der Korken einer Weinflasche) abteilen und zu etwa 7,5 cm langen »Schlangen« rollen. Beiseite legen.
3. Die Kokosmilch, die Gewürze, Zwiebeln und den Knoblauch in die Suppe geben und alles weitere 30 Minuten kochen lassen. Dann erst die Cocos-, Yams- oder Süßkartoffelstücke und die Klößchen hinzufügen.
4. Noch etwa 30 Minuten bei geringer Wärmezufuhr köcheln lassen. Wenn die Suppe zu dick wird, mit der restlichen Brühe aufgießen. Die Bohnen und das Gemüse sollten weich und die Suppe etwas dicker sein. Kosten und, falls nötig, mit Salz und Pfeffer abschmecken. Vor dem Servieren die Frühlingszwiebeln, den Thymian und die Chilischote herausnehmen.

Tipp: Sie können nach Belieben bis zu 900 g Fleisch (gepökeltes Rindfleisch und/oder Schweineschwanz) oder Huhn zugeben. Das Fleisch sollte mit den Bohnen gekocht werden.

Pikante Orangensuppe mit Hähnchen-Won-Tons

Eine leichte, schnelle und aromatische Suppe. Sie ist zwar alles andere als traditionell, aber die Gewürzmischung schmeckt vertraut ...

Zubereitungszeit: 15 Minuten & etwa 30 Minuten zum Kochen. Ergibt 6 Portionen.

Für die Won-Tons:

225 g Hähnchenhack
1/2 TL gemahlener Zimt
1 TL frische Ingwerwurzel, fein gehackt oder gerieben
1/2 TL gemahlener Kreuzkümmel
1/2 TL Salz
1/4 TL gemahlener weißer Pfeffer
1 Frühlingszwiebel, gehackt
24 Won-Ton-Teigblätter

Für die Suppe:

1 l Hühnerbrühe
Saft von 2 Orangen, durchgeseiht
1 TL Zucker
1 TL Butter
1 Scotch-Bonnet- oder andere Chilischote, im Ganzen (keine Schärfe, nur für den Geschmack)
1 EL Chili-Sherry (Seite 195) oder süßen Sherry
1 TL geriebene Orangenschale
die grünen Teile einer Frühlingszwiebel, in feine Ringe geschnitten, zum Garnieren

1. Das Hackfleisch mit allen Gewürzen, einschließlich Salz und Pfeffer, und der gehackten Frühlingszwiebel vermischen und aus jeweils 1 TL der Masse insgesamt 24 Bällchen formen.
2. Jedes Bällchen auf ein Won-Ton-Teigblatt setzen, die Ränder mit etwas Wasser befeuchten und oben zusammendrücken.
3. Die Brühe mit dem Orangensaft, dem Zucker und der Butter vermischen und zum Kochen bringen. Die ganze Chilischote hineingeben und 3 Minuten lang köcheln (das verleiht der Brühe Geschmack, aber keine Schärfe). Die Hähnchen-Won-Tons in die Suppe geben und etwa 15 – 20 Minuten köcheln lassen, bis sie durch und gar sind.
4. Die Brühe kosten und falls nötig nachsalzen. Den Sherry zugießen, 1 weitere Minute köcheln lassen und dann von der Kochstelle nehmen. Die Chilischote entfernen und die geriebene Orangenschale einrühren.
5. In Suppenschalen heiß servieren, dabei die Won-Tons gleichmäßig verteilen und mit den grünen Frühlingszwiebelringen bestreuen.

Tipp: Dieses Rezept kann auch ohne Won-Ton-Teigblätter zubereitet werden. Das Hähnchenfleisch einfach zu Bällchen formen und in die Suppe geben. Die Bällchen dürfen dabei ruhig etwas größer sein.

Salate

LEICHT & KNACKIG: MITTAGS, ABENDS UND AUCH ZWISCHENDURCH

Für dieses Kapitel habe ich köstliche Salate ausgewählt, die als Snack oder kleine Zwischenmahlzeit, aber auch als komplettes Gericht genossen werden können!

In der Karibik hat grüner Salat nie einen wichtigen Platz auf der Speisekarte eingenommen. Eingelegte Rote Bete, scharf eingelegte Gurken und Avocadoscheiben wurden vor allem an Büffets angeboten, galten aber gewöhnlich als pikante Beilagen. Das Wort »Salat« bezieht sich auf Jamaika manchmal sogar strikt auf Tomaten. Heute haben sich verschiedene Versionen von Kohlsalat und »schnelle« Salate überall durchgesetzt. Sie sind eine Option für eine leichte Mahlzeit – die traditionelle Küche hat hier der zeitgenössischen Esskultur Platz gemacht: Mittlerweile findet man auf den Inseln alle Arten von vegetarischen oder Meeresfrüchte-, Fleisch- und sogar Nudelsalaten. Die besten Meeresfrüchte-Salate gibt es natürlich dort, wo sich viele Yachtclubs und Sportangelzentren angesiedelt haben, wie beispielsweise auf den Bahamas, den Virgin und den Cayman Islands, auf Barbados sowie in gehobeneren Restaurants im gesamten karibischen Raum. Neben Meeresfrüchten werden allerlei Salate mit verschiedenen Obstsorten und Fleisch serviert. Köstliche Beispiele dafür sind etwa der Salat aus Riesenflügelschnecken (Seite 78) und der Avocado-Papaya-Salat mit Jerk-Hähnchen (Seite 85). Kleiner Tipp: Nutzen Sie Limetten, Bitterorangen und all die anderen Zitrusfrüchte, um zusätzlich ein üppiges Aroma auf Ihre Salate zu pressen. Ihr Gaumen wird begeistert sein und außerdem sind kaum Kalorien enthalten.

Warmer Kohlsalat mit Ananas und Erdnüssen

Die Zubereitung nimmt nicht viel Zeit in Anspruch, und eine solche leichte Mahlzeit mit frischen Zutaten tut immer gut. Grünkohl wird überall auf den Inseln gegessen und für Salate und »Rundowns« verwendet, mit Salzfisch gebraten oder mit Karotten gedünstet. Auf den Karibischen Inseln ist es durchaus nicht ungewöhnlich, dass Grünkohl mindestens einmal pro Woche auf dem Speiseplan steht, während es in Europa eher als Herbst- und Wintergemüse serviert wird. Falls Sie also keinen frischen Grünkohl bekommen sollten, können Sie auch tiefgefrorenen verwenden.

Zubereitungs- und Kochzeit: 20 Minuten. Ergibt 4 Portionen (als Beilage).

Speiseöl zum Braten
350 g frische Ananas, geschält, ohne die harte Mitte und in Stücke geschnitten
1 Zwiebel, in Spalten geschnitten
3 – 4 TL frischer Rosmarin oder Thymian, fein gehackt
2 EL geröstete Erdnüsse
1 TL Honig (nur notwendig, falls die Ananas nicht süß genug ist)
350 g Grünkohl, gehackt (oder tiefgefrorener Kohl, aufgetaut)
Salz und Pfeffer

1. In einer großen Bratpfanne etwa 1 EL Speiseöl erhitzen. Die Ananasstücke in das heiße Öl geben und umrühren, damit sie nicht anbrennen (die Ananas soll nämlich ganz langsam bräunen).
2. Die Zwiebel, Kräuter und Erdnüsse zugeben und noch weitere 2 Minuten braten. Die Ananas kosten und, falls nötig, jetzt den Honig zugeben.
3. Den Kohl untermengen und mit etwas Salz und Pfeffer bestreuen. Dann 4 – 6 Minuten unter Rühren so lange weiterbraten, bis der Kohl gerade gar ist. Mit Reis servieren.

Räuchermarlin-Salat

Geräucherter Marlin ist die karibische Antwort auf Räucherlachs. Sein blasses Fleisch behält auch nach dem Räuchern seine delikate Beschaffenheit bei. Als Alternative zu Marlin können Sie aber auch geräucherten Heilbutt oder Thunfisch verwenden. Egal, welchen Fisch Sie nun nehmen, Sie benötigen in jedem Fall sehr feine Scheiben des servierfertig vorbereiteten Räucherfischs.

Zubereitungszeit: 10 Minuten & Herstellung von Sauce und Chiligelee. Ergibt 2 Portionen.

gut 100 g grüner Blattsalat
2 EL Olivenöl
1 EL Essig
6 Scheiben Räuchermarlin
1 kleine reife Avocado, geschält und in Scheiben geschnitten
Salz und frisch gemahlener Pfeffer
Zum Servieren:
75 ml Limetten-Sahne-Sauce (Seite 188)
2 EL Chiligelee (Seite 197)
Zum Garnieren:
1 EL Kapern
1 Zwiebel, in feine Ringe geschnitten

1. Die Salatblätter mit Öl, Essig, Salz und Pfeffer anmachen und auf zwei Teller verteilen.
2. Jeweils 3 Fisch- und 3 Avocadoscheiben abwechselnd neben dem Salat anrichten.
3. Dann noch einen Klecks (etwa 1 EL) Limetten-Sahne-Sauce auf die eine und 2 TL Chiligelee auf die andere Seite des angerichteten Fisches geben.
4. Mit den Kapern und Zwiebelringen garnieren und frisch gemahlenen schwarzen Pfeffer darüber streuen.

Christophene-Melonensalat

Traditionell werden Christophenes oder Chayoten gekocht. Roh zubereitet sind sie jedoch eine knackige Zutat für den Salat.
Zubereitungszeit: 15 Minuten & Herstellung des Dressings. Ergibt 4 – 6 Portionen.

2 Christophenes, geschält, entkernt und in Scheiben geschnitten
1/2 Cantaloupe-Melone, entkernt und in Scheiben geschnitten
1 Schalotte, in feine Ringe geschnitten
225 g Rauke oder Brunnenkresse, die Stängel entfernt
1 EL frische gemischte Kräuter (z. B. Oregano, Koriander, Estragon und/oder Petersilie), gehackt
Limetten-Vinaigrette (Seite 101) oder Guaven-Vinaigrette (Seite 190), zum Servieren

1. Alle Zutaten mit dem Dressing vermischen und sofort servieren.

Tipp: Um dem Salat mehr Süße zu verleihen, können Sie halbierte kernlose Trauben hinzufügen.

Exquisiter Kohlsalat

Kohlsalat oder »Coleslaw« aus Kohl und Karotten ist eine karibische Institution. Bei dieser Version wird noch frisch geraspelte Kokosnuss, süße Ananas und 1 Prise Chili zugegeben – alles Zutaten, die ihm das gewisse Etwas verleihen!
Zubereitungszeit: 30 Minuten & Kühlen. Ergibt 6 – 8 Portionen.

1125 g Weiß- oder Rotkohl, gehobelt
125 g Karotten, geraspelt
75 g frische Kokosnuss, geraspelt
1 Zwiebel, fein gehackt
75 g Ananas, gehackt
2 EL goldene Rosinen
1/2 TL Scotch-Bonnet- oder andere scharfe Chilischote (optional), entkernt und gehackt

Für das Dressing:
2 EL brauner Zucker
1 EL weißer Essig
etwa 250 g Mayonnaise (nach Belieben mehr oder weniger)

1. Für das Dressing Zucker und Essig vermischen, dann die Mayonnaise zugeben und gut verrühren.
2. Dann alle Zutaten miteinander vermengen und abschmecken. Vor dem Servieren kalt stellen.

Tipp: Wenn Sie diesen Salat am Vortag zubereiten, kann er im Kühlschrank durchziehen und schmeckt noch besser.

Salat aus grünen Bananen & Salzfisch

Auf vielen spanisch- und englischsprachigen Inseln kennt man einen ähnlichen Salat, der bisweilen mit Mayonnaise anstelle von Öl zubereitet wird. Grüne Bananen, die auf manchen Inseln als »Figs« (eigentlich Feigen) bezeichnet werden, sind ziemlich stärkehaltig und weich und müssen deshalb gekocht werden. Wenn Sie den Salzfisch weglassen, können Sie das Gericht problemlos als vegetarische Mahlzeit servieren.

Zubereitungs- und Kochzeit: 1 Stunde & 30 Minuten zum Abkühlen. Ergibt 6 – 8 Portionen.

Salz
2 EL Zuckerrohressig oder destillierter (weißer) Malzessig
8 kleine grüne Bananen, oberes und unteres Ende abgeschnitten und die Schale auf einer Seite der Länge nach eingeschnitten
125 g vorbereiteter Salzfisch
1 Zwiebel, in Ringe geschnitten
1 Frühlingszwiebel, fein aufgeschnitten
70 g gefüllte grüne Oliven, in Scheiben geschnitten, oder Kapern

Für das Dressing:
1 Knoblauchzehe, zerdrückt
1/2 Scotch-Bonnet- oder andere scharfe Chilischote, fein gehackt
1 TL Dijon-Senf
1 TL Zucker
Saft von 1 Limette
70 ml Olivenöl
frisch gemahlener schwarzer Pfeffer
Salz (nach Belieben)
1 reife Avocado, geschält, entsteint und in Stücke geschnitten (nach Belieben)

1. Zunächst 1 EL Essig in einen großen Topf mit Salzwasser geben. (Das verhindert das Schwarzwerden von Bananen und Topf. Am besten verwenden Sie einen möglichst unempfindlichen Topf, der nicht oxidiert.) Wenn das Wasser kocht, die Bananen hineingeben und 20 Minuten oder so lange garen, bis sie weich sind.
2. Inzwischen den Salzfisch vorbereiten (Seite 39).
3. Die Bananen abgießen und so lange abkühlen lassen, bis man sie anfassen kann. Dann schälen, in etwa 1,5 cm dicke Scheiben schneiden und in eine große Schüssel geben.
4. Den Fisch, die Zwiebel, Frühlingszwiebel und Oliven dazufügen. Alle Dressing-Zutaten mit dem Schneebesen vermengen und dann alles zusammenmischen. Mit schwarzem Pfeffer und Salz abschmecken. Vor dem Servieren mindestens 1 Stunde kalt stellen, damit sich die Aromen verbinden und sich der Geschmack entwickeln kann. Die Avocado (falls verwendet) erst kurz vor dem Servieren in den Salat geben; mit etwas Limetten- oder Zitronensaft beträufeln, damit sie sich nicht verfärbt.

Tipp: Verwenden Sie statt der Bananen doch einmal gekochte Brotfrucht – ergibt eine andere Note!

Salat aus Riesenflügelschnecken

Bahamas

Als Spezialität der Bahamas wird die »Conch« (sprich »Conk«) oder Riesenflügelschnecke überall auf den Inseln sowohl roh als auch gekocht gegessen. Man kann sie am besten an ihrem großen rosafarbenen Gehäuse erkennen. Ihr Fleisch wird für vielerlei Gerichte verwendet, zum Beispiel für Suppen, »Fritters« und Currys. Auf den französischen Inseln kennt man sie als »Lambie«, wo sie auch mit Reis oder Bohnen zubereitet wird.

Das Fleisch ist ziemlich hart und muss geklopft und mit Limettensaft behandelt werden, damit es weich wird. Der Limettensaft mariniert die Muschel in diesem Salat, nach demselben Prinzip wie in einem »Ceviche« (rohem Fischsalat). Gewöhnlich ist Conch bereits vorbereitet erhältlich (das heißt, ohne die harte Außenhaut). Das Fleisch ist etwas süßlich und hat einen ganz besonderen Geschmack.

Zubereitungszeit: 20 Minuten & 30 Minuten zum Marinieren. Ergibt 4 – 6 Portionen.

400 g Fleisch der Riesenflügelschnecke, sehr fein gehackt (oder durchgedreht)
1 kleine Bermuda, Vidalia oder andere süße Zwiebel, fein gehackt
2 Tomaten, ohne Kerne und fein gehackt
60 g Sellerie oder grüne Paprika, klein gewürfelt
1/2 Scotch Bonnet- oder andere scharfe Chilischote, entkernt und fein gehackt
Saft von 1 Limette
1 TL Zuckerrohressig oder destillierter (weißer) Malzessig
Salz und Pfeffer
frische gehackte Petersilie, zum Garnieren

1. Alle Zutaten miteinander vermischen und dann vor dem Servieren mindestens 30 Minuten stehen lassen.

Tipp: Der Salat kann auch üner Nacht kalt gestellt werden. Geben Sie die Tomaten dann aber erst am nächsten Tag dazu.

Salat aus warmen grünen Gungo-Erbsen, Roten & Dicken Bohnen mit gerösteten Kürbiskernen

Jamaika

Die Saison für frische grüne Gungo-Erbsen beginnt etwa im November, und wenn es vorher nicht sehr warm war, bezeichnen wir sie als Wintergemüse. Die meisten Jamaikaner nutzen die Gelegenheit, um ihre mit roten Kidney-Bohnen zubereiteten »Rice and Peas« zu den Feiertagen durch »Gungo Rice and Peas« zu ersetzen. Gungo-Erbsen sind sehr beliebt, werden oft in Kokosmilch gekocht und in Suppen und Eintöpfen verwendet.

Da man alle hier verwendeten Hülsenfrüchtesorten im Winter frisch bekommen kann, sollten Sie diesen Salat einmal als Beilage reichen. Geröstete Kürbiskerne oder »Pepitas« machen den Salat noch knackiger. Lassen Sie die Kerne beim Rösten jedoch nicht aus den Augen, da sie in der Pfanne zu »springen« beginnen und sehr schnell fertig sind.

Der Salat macht sich auch kalt sehr gut, wenn Sie ihn zum Beispiel auf Raukeblättern anrichten. Nach Belieben können Sie die Limetten- oder Koriander-Vinaigrette (Seite 191) als Dressing verwenden.

Zubereitungszeit: 10 Minuten für das Dressing & 35 Minuten zum Kochen. Ergibt 4–6 Portionen.

300 g frische Dicke Bohnen
200 g frische grüne Gungo-Erbsen
200 g frische Rote Bohnen
Für das Dressing:
1 Knoblauchzehe, zerdrückt
1 TL Dijon-Senf
1 TL Zucker
1 EL Aceto Balsamico
60 ml Olivenöl
1 EL frischer Dill, gehackt
2 EL frische Petersilie, gehackt
Salz und Pfeffer
2 EL »Pepitas« (geröstete Kürbiskerne), zum Garnieren

1. Die Hülsenfrüchte in Salzwasser etwa 30 Minuten oder so lange kochen, bis sie weich sind. Abgießen.
2. Während die Hülsenfrüchte kochen, stellen Sie das Dressing her. Vermischen Sie dazu alle Zutaten in einer großen Schüssel und schmecken Sie sie mit Salz und Pfeffer ab.
3. Die Kürbiskerne vorsichtig in einer trockenen Bratpfanne rösten und darauf achten, dass sie nicht verbrennen.
4. Wenn die Hülsenfrüchte gar sind, in einem Sieb abgießen und dann mit dem Dressing vermischen. Die Kürbiskerne darüber streuen und warm servieren.

Gegrillte Languste auf Reissalat mit Nüssen

Karibische Langusten sind stachelig und haben nicht so große Scheren wie etwa die Hummer, die in kälteren Gewässern leben. In der Saison werden regelmäßig alte und neue Rezepte hervorgekramt. Ich habe meine beste Languste am Strand von Kuba gegessen: frisch gegrillt mit etwas Butter, Salz, Pfeffer und einem Spritzer Limettensaft – sehr einfach – aber fantastisch.
Zubereitungs- und Kochzeit: 45 Minuten. Ergibt 2 Portionen.

2 Langustenschwänze zu je 225 g
1 Knoblauchzehe, sehr fein gehackt
110 g weißer Langkornreis
180 ml Kokosnuss-Sahne-Dressing mit Angostura Bitter (Seite 188) oder Koriander-Vinaigrette (Seite 191)
1 TL Butter, zerlassen
2 EL Cashewnüsse, geröstet und grob zerkleinert
2 EL frische Petersilie, fein gehackt
2 Hand voll gemischten Blattsalat, in Stücke gerissen
Salz und Pfeffer
1 Limette, geviertelt, zum Garnieren

1. Das Langustenfleisch salzen, pfeffern und mit dem Knoblauch würzen. Kalt stellen, bis es gegrillt wird.
2. Den Reis nach den Anweisungen auf der Packung kochen und dann abkühlen lassen.
3. Das gewählte Salatdressing zubereiten und in den Kühlschrank stellen.
4. Wenn der Reis fertig ist, jeden Langustenschwanz mit zerlassener Butter bepinseln und in einer gefetteten Pfanne 8 – 10 Minuten unter einen heißen Grill stellen.
5. Die zerkleinerten Nüsse, die Petersilie und 4 EL Salatdressing unter den Reise geben und alles vermengen. Zwei Schalen mit kaltem Wasser ausspülen, die Reismischung hineindrücken und auf die Servierteller stürzen (oder lose darauf verteilen)
6. Wenn die Languste gar ist, das Fleisch in Scheiben schneiden und auf dem Reis verteilen. Mit den Salatblättern garnieren. Etwas Dressing über die Languste und den Salat verteilen. Mit Limettenspalten garniert bei Raumtemperatur servieren.

Tipp: Da Langusten während der Hauptlaichzeit geschützt sind, empfehle ich, in dieser Zeit Garnelen oder andere Meeresfrüchte zu verwenden. Tintenfisch ist ebenfalls eine gute Wahl und kann auf ähnliche Art und Weise zubereitet werden. Achtung: Diese Meeresfrüchte haben eine kürzere Garzeit als das Langustenfleisch.

Salat aus zweierlei Kartoffeln mit Roten Bohnen

In einem Kapitel über Salate darf natürlich der allgegenwärtige Kartoffelsalat keinesfalls fehlen – allerdings in einer interessanten Variation. Verwenden Sie speckige Kartoffeln und sehen Sie sich nach ungewöhnlichen Sorten um. Ich fand einmal kleine purpurfarbene Süßkartoffeln dafür, und sie sahen wirklich gut in der Mischung aus.

Zubereitungs- und Kochzeit: 30 Minuten & 2 Stunden zum Abkühlen und Kaltstellen. Ergibt 6 Portionen.

450 g Süßkartoffeln
450 g speckige Kartoffeln, z. B. mit roter Schale
2 Eier (optional)
125 ml Mayonnaise
1 EL Weißweinessig
3 TL Dijon-Senf
1 – 2 Knoblauchzehen, gepresst
1 Zwiebel, fein gehackt
gut 100 g rote Kidney-Bohnen, gekocht oder aus der Dose, bzw. Gungo-Erbsen
Salz
frisch gemahlener schwarzer Pfeffer
2 EL frische Kräuter, z. B. Koriander, Estragon, Dill und/oder Petersilie, gehackt

1. Die Süßkartoffeln schälen, die anderen Kartoffeln nur waschen. Zusammen in einem Topf mit Salzwasser 20 – 25 Minuten oder so lange kochen, bis sie gerade weich sind. Bei den Süßkartoffeln nach 15 Minuten überprüfen, ob sie schon soweit sind, da sie schneller gar sein können als die normalen Kartoffeln. In diesem Fall die Süßkartoffeln mit einer entsprechenden Schöpfkelle herausholen, während die anderen Kartoffeln weiterkochen. (Keine der beiden Sorten darf jedoch zu lange kochen, da die Kartoffeln sonst zerfallen.)
2. Die Eier, falls verwendet, inzwischen hart kochen, schälen und hacken.
3. Die Mayonnaise mit dem Essig, Senf, Knoblauch und der Zwiebel vermischen.
4. Die Kartoffeln in einem Sieb abgießen und die speckigen noch warm schälen. Alle Kartoffeln in mundgerechte Stücke schneiden. Mit der Mayonnaise-Mischung anmachen, solange sie noch warm sind. Die Bohnen und, falls verwendet, auch die Eier hinzufügen, vermischen und mit Salz und Pfeffer abschmecken. Am Schluss noch etwas von den gehackten Kräutern dazugeben, einen Teil jedoch zum Garnieren zurückbehalten.
5. Lassen Sie den Salat abkühlen und bewahren Sie ihn bis zum Servieren zugedeckt im Kühlschrank auf. Denn dadurch können sich die Aromen entfalten und von den Kartoffeln aufgenommen werden. Eventuell nachwürzen.
6. Mit den restlichen Kräutern bestreuen und servieren.

»Escoveitch«-Hähnchen-Salat

Die pikante Escoveitch-Marinade sorgt in diesem Rezept für den außergewöhnlichen Geschmack. Wenn Sie – wie viele von uns – bei Ihrer Ernährung auf die schlanke Linie achten, werden Sie sich darüber freuen, dass dieses Gericht kalorienarm ist und relativ wenig Fett enthält.

Vorbereitungs- und Kochzeit: 1 Stunde zum Marinieren & Herstellen der Sauce & 15 Minuten. Ergibt 4 Portionen.

4 Hähnchenbrüste, ohne Haut und Knochen
1 Knoblauchzehe, fein gehackt
1 EL frischer Thymian, gehackt
1 EL Olivenöl oder Pflanzenöl
125 ml Escoveitch-Pickle-Sauce (Seite 195 oder ein Fertigprodukt)
225 g gemischten Blattsalat
Tomaten- und Gurkenscheiben
Salz und Pfeffer
hochwertiges natives Olivenöl (Extra Vergine), zum Servieren (nach Belieben)

1. Die Hähnchenbrüste waschen und mit Salz und Pfeffer, Knoblauch und Thymian würzen. Dann, wenn möglich, mindestens 1 Stunde marinieren lassen. Inzwischen die Sauce zubereiten.
2. Zum Garen die Hähnchenbrüste leicht mit Öl einpinseln und dann im Ganzen auf beiden Seiten grillen, bis sie gleichmäßig gebräunt und ganz durch sind (etwa 10 Minuten). In Scheiben schneiden.
3. Die Hähnchenscheiben in eine Schüssel geben und mit dem größten Teil der Escoveitch-Sauce etwa 10 Minuten marinieren lassen.
4. Die Salatzutaten auf einem Servierteller anrichten. Die Hähnchenscheiben oder -streifen zuoberst platzieren. Noch etwas Escoveitch-Sauce und auch ein paar der eingelegten Gemüsestückchen darüber geben. Nach Belieben mit Olivenöl beträufeln. Bei Raumtemperatur oder gekühlt servieren.

Tipp: Als Alternative zum Hähnchen sind gegrillte Fischscheiben oder Garnelen ebenso köstlich.

Avocado-Papaya-Salat mit Jerk-Hähnchen

Dieses Rezept kann mit Resten von Jerk-Hähnchen zubereitet werden; anstelle von Hähnchenbrüsten können Sie auch Schenkel verwenden. Das Gericht ist gut gewürzt, aber nicht wirklich scharf, weil das fruchtige Dressing und der Salat für einen geschmacklichen Ausgleich sorgen.

Vorbereitungs- und Kochzeit: über Nacht zum Marinieren & Herstellen der Guaven-Vinaigrette & 20 Minuten. Ergibt 4 Portionen.

Für das Hähnchen:

8 Hähnchenschenkel, entbeint, aber mit Haut

Salz oder Limettensaft

1 EL Jerk-Gewürz (Seite 127 oder Fertigprodukt)

1 EL Öl

Für den Avocado-Papaya-Salat:

1 kleine Avocado, geschält, entsteint und klein geschnitten

1 gerade reife Papaya, geschält, entkernt und klein geschnitten

1 Frühlingszwiebel, fein gehackt

Saft von 1 Limette

Salz und Pfeffer

Für den grünen Salat:

gut 200 g gemischten grünen Blattsalat, in Stücke gerissen

120 ml Guaven-Vinaigrette (Seite 190)

1 EL frische Petersilie, gehackt, zum Garnieren

1. Die Hähnchenschenkel mit Salzwasser oder Limettensaft waschen. Trocken tupfen und mit Jerk-Gewürz und Öl einreiben. Dann über Nacht zum Marinieren in den Kühlschrank stellen.
2. Das Grillfeuer entzünden, die Grillpfanne oder den Elektrogrill vorheizen. Die Hähnchenschenkel auf beiden Seiten etwa 5 Minuten oder so lange grillen, bis sie durch sind. Abkühlen lassen und in Streifen schneiden.
3. Die Avocado und Papaya mit der Frühlingszwiebel und dem Limettensaft vermischen. Mit Salz und Pfeffer abschmecken.
4. Den grünen Salat auf vier Teller verteilen. Darauf das Hähnchen anrichten und die Avocado-Papaya-Mischung verteilen. Die Guaven-Vinaigrette darüber träufeln und mit der Petersilie bestreuen. Bei Zimmertemperatur servieren.

AMMT 2085
AMMT 2085
MENSAJERA
ARSH 2043

Fisch & Meeresfrüchte

SCHMACKHAFTE SCHÄTZE DER SEE

Man würde erwarten, dass es auf den Karibischen Inseln von Fischen und Meeresfrüchten nur so wimmelt. Tatsächlich ist es abseits der Küsten jedoch sehr schwer, an frischen Fisch zu gelangen, da dieser größtenteils in den Küchen der Hotels und Restaurants landet. Wer im Landesinneren lebt, hält sich daher mehr an gesalzenen Kabeljau, Makrelen und Shad statt an frischen Fisch. Das hat durchaus Tradition und geht wohl auch auf jene Zeit zurück, als die Kühlung noch ein Problem war. Natürlich gibt es heute im Supermarkt Fisch zu kaufen, aber er wird oft nur tiefgefroren angeboten und dabei geht natürlich sehr viel an Geschmack verloren.

Auf den Speisekarten der meisten Restaurants finden Sie aber, anders als in so manchem Privathaushalt, fantastische Fisch- und Muschelgerichte. An der Küste können Sie frisch zubereitete Meeresspezialitäten sogar an Ständen auf der Straße kaufen. Und glauben Sie mir, Sie werden es nicht bereuen – ein gutes Langustengericht mit Curry ist beinahe unschlagbar!

Aki & Salzfisch

Jamaika

Dieses Gericht ist einzigartig jamaikanisch, wird von uns heiß geliebt und gilt eigentlich als unsere Nationalspeise. Akis (Ackees) gelangten aus Westafrika nach Jamaika. Sie haben dicke, orangerote Schalen, in denen jeweils drei große schwarze Samen sitzen. Nur das gelbe Fleisch wird als Gemüse verzehrt. Das rohe Fleisch ist zäh und wird erst nach dem Kochen überaus weich und delikat. Mit dem leichten Nussaroma und der seidigen Struktur kann man die Aki nur mit der Avocado vergleichen, aber man muss die Frucht wirklich probiert haben, um ihren Geschmack zu schätzen. Aus Akis kann man wunderbare Currygerichte zubereiten und Pasteten oder Gebäck herstellen.

Akis sind Saisonfrüchte, weshalb Sie für dieses Gericht auch Dosenware verwenden können. Sie schmecken köstlich mit »Gegrillter Brotfrucht« (Seite 180) oder »Frittierten reifen Gemüsebananen« (Seite 171) und gekochtem Reis.

Vorbereitungs- und Kochzeit: 45 Minuten. Ergibt 6 Portionen.

2 Dosen vorbereitete Akis zu je 535 g, abgegossen, oder 24 frische Akis, entkernt und das Fleisch ausgelöst
1 kg Salzfisch (Kabeljau), bereits vorbereitet
2 EL Speiseöl (vorzugsweise Kokosöl)
1 Zwiebel, gehackt
2 Frühlingszwiebeln, gehackt
2 Knoblauchzehen, gehackt
1/2 Scotch-Bonnet- oder andere scharfe Chilischote, entkernt und fein gehackt
1 TL frische Thymianblätter
2 Tomaten, entkernt und gehackt

1. Wenn Sie frische Akis verwenden, dann werden diese 8 – 10 Minuten in Salzwasser weich gekocht. Inzwischen den Salzfisch vorbereiten (Seite 39).
2. Das Öl in einer großen Pfanne heiß werden lassen und darin die Zwiebel, Frühlingszwiebeln, den Knoblauch, die Chilischote und den Thymian anbraten, bis die Zwiebel glasig geworden ist.
3. Den Salzfisch zugeben und unter ständigem Rühren etwa 3 Minuten weiterbraten.
4. Die Tomaten und dann die Akis zugeben. Vorsichtig vermischen und vor dem Servieren mit Salz und Pfeffer abschmecken.

Tipp: Das Rezept eignet sich auch gut für Partys. Füllen Sie einfach Canneloni oder Ravioli mit Aki & Salzfisch. In eine Auflaufform etwas Olivenöl träufeln, eine Schicht Tomatensauce darüber geben, mit Salz und Pfeffer und etwas gehacktem Knoblauch bestreuen. Dann die gefüllten Nudeln in die Form setzen und mit geriebenem Käse bestreuen. Im heißen Rohr backen, bis der Käse schmilzt. Jede Portion mit etwas Sauce servieren.

Tante Sonias Shrimp-Curry

Jamaika

Tante Sonia lebt in den Hügeln von Chapeltown auf Jamaika und ist bekannt für ihre vielen Kinder und ihre fantastische Kochkunst. Hier eine ihrer Spezialitäten.

Zubereitungszeit: 15 Minuten & 15 Minuten zum Kochen. Ergibt 4 Portionen.

1 EL Speiseöl
3 EL Wasser
2 EL Butter
900 g mittlere bis große frische Garnelen, geschält und Darmfaden entfernt
Salz und Pfeffer
Für die Marinade:
2 gehäufte TL Currypulver (Sonia bevorzugt Curry aus Trinidad)
1 Zwiebel, gehackt
1 Frühlingszwiebel, gehackt
2 Thymianzweiglein
1/4 TL brauner Zucker
8 Knoblauchzehen, mit einem schweren Messer flachgedrückt
1 Tomate, entkernt und gehackt
1/2 Scotch-Bonnet- oder andere scharfe Chilischote, entkernt und fein gehackt

1. Alle Zutaten für die Marinade in einer Schüssel vermischen, die Garnelen dazugeben und 15 – 30 Minuten marinieren lassen.
2. Das Öl in einer großen Pfanne erhitzen und darin vier der marinierten Knoblauchzehen bräunen.
3. Den Rest der Zutaten ins heiße Öl geben. Mit den 3 EL Wasser die Marinadeschüssel ausspülen und darin alle Reste des Curry auffangen; in die Pfanne geben. Die Wärmezufuhr reduzieren, zudecken und etwa 5 Minuten dünsten.
4. Den Deckel abnehmen, die Butter einrühren und weitere 5 – 10 Minuten erneut zugedeckt weiterköcheln lassen. Sofort servieren und Reis dazu reichen.

Auf Trinidad wachsen die Austern auf Bäumen! Diese kleine Sorte wird oft im Freien mit einem Spritzer scharfsüßer Sauce serviert.

BANCO DI CARIBE PIER

»Escoveitch«-Fisch

Jamaika

Dieses Gericht mit sauer eingelegtem Fisch hat Tradition auf Jamaika. Jeder Fisch, der zum Braten geeignet ist, kann dazu verwendet werden, sogar Lachs ist köstlich, wenn man ihn einlegt. Es ist dabei auch egal, ob Sie den Fisch in Filetform oder im Ganzen marinieren. »Escoveitch« bezeichnet lediglich eine bestimmte Zubereitungsart (siehe auch Glossar) und bezieht sich hauptsächlich auf die Sauce, die nach dem Braten über den Fisch gegossen und von diesem absorbiert wird. Sie ist sehr pikant und ziemlich würzig, wenn man sie richtig zubereitet. Man darf diese Bezeichnung nicht mit »Ceviche« verwechseln, einem ebenfalls köstlichen rohen Fischsalat auf den französischsprachigen Inseln.

»Escoveitch«-Fisch wird normalerweise bei Raumtemperatur genossen und kann auch ein bis zwei Tage auf dem Küchentisch stehen, damit sich jeder, der vorbeigeht, davon nehmen kann. Man isst ihn gewöhnlich am Vormittag oder zum Mittagessen, vor allem am Strand. Am Abend reicht man ihn gerne bei Cocktailpartys, wo man ihn in mundgerechten Stücken ohne Gräten anbietet. Als Hauptgericht wird er traditionell mit »Bammies« serviert.

Vorbereitungs- und Kochzeit. 30 Minuten. Ergibt 4 Portionen.

1 kg frische Schnapper- oder Tilapiafilets
1 Limette
50 g Weizenmehl
50 g Maismehl
Speiseöl zum Braten
Salz und Pfeffer
125 ml Escoveitch-Pickle-Sauce (Seite 195), zum Servieren

1. Den Fisch abspülen, trockentupfen und mit Limettensaft beträufeln. Salzen und pfeffern.
2. Mehl und Maismehl vermischen und den Fisch damit bestäuben. Überschüsse abschütteln.
3. Etwas Öl in einer Pfanne erhitzen, bis es zu rauchen beginnt. Den Fisch vorsichtig hineinlegen und auf beiden Seiten goldbraun braten. Mit der Backschaufel herausnehmen und auf Küchenkrepp abtropfen lassen.
4. Auf Serviertellern anrichten, die Escoveitch-Sauce mit ein paar eingelegten Gemüsestückchen darüber gießen und sofort servieren. Dazu extra fein geschnittenes Gemüse reichen.

Tipp: Extra fein geschnittene Karotten und Christophenes mit Zwiebelringen, die Sie in etwas Essig 3 Minuten gedünstet haben, sorgen beim Servieren für ein noch attraktiveres Erscheinungsbild.

Knusprig gebratener Fisch mit Adobo und Okra in Kokosöl

jamaika

In diesem Rezept verbinden sich puertoricanische und jamaikanische Einflüsse. Der Fisch wird mit Limettensaft gewaschen und mit einer Mischung aus Adobo-Gewürz, Piment und Chili gewürzt. Dann bestäubt man ihn mit einer Mischung aus Weizen- und Maismehl (das Geheimnis, warum er so knusprig wird!), bevor er in Kokosöl gebraten wird. Dies macht ihn außen schön kross, während das Fleisch innen saftig bleibt. Das Kokosöl verleiht den Gewürzen ein herrliches Aroma. Sobald der Fisch fertig ist, werden die Okraschoten paniert und im selben Öl herausgebacken.

Vorbereitungs- und Kochzeit: 1 Stunde. Ergibt 2 Portionen.

Für den Fisch:

2 Rote Schnapper zu jeweils etwa 300 g, geschuppt und so ausgenommen und entgrätet, dass die Fische ganz bleiben

1 Limette

1 EL Adobo-Gewürz (Seite 234 oder ein Fertigprodukt)

1 TL Piment, gemahlen

1/2 Scotch-Bonnet- oder andere scharfe Chilischote, in Scheibchen geschnitten

Kokosöl, zum Braten

2 EL Weizenmehl

2 EL Maismehl

Für die Okraschoten:

6 kleine Okraschoten, geputzt und in 1 cm breite Ringe geschnitten

1 Ei, verquirlt

4 EL Semmelbrösel

Salz

2 Limetten, in Scheiben geschnitten, zum Servieren

1. Zuerst den Fisch waschen und trockentupfen, dann innen und außen großzügig mit Limettensaft beträufeln.
2. Nun die Würze für den Fisch herstellen: dazu das Adobo-Gewürz mit dem Piment vermischen.
3. Den Fisch auf jeder Seite dreimal einschneiden und das Fleisch an den Schnittstellen mit der Würzmischung einreiben. Dann Chilischeibchen in die Einschnitte stecken. Den Fisch etwa 15 Minuten zum Marinieren beiseite stellen.
4. In eine tiefe Bratpfanne etwa 5 cm hoch Kokosöl gießen und bei großer Wärmezufuhr erhitzen. Inzwischen das Weizen- und Maismehl auf einem Teller vermischen. Den Fisch darin wälzen, überschüssiges Mehl abschütteln. Wenn das Öl heiß ist, den Fisch vorsichtig in die Pfanne legen und 5 – 7 Minuten braten; dabei nach der Hälfte der Zeit wenden, damit der Fisch nicht anbrennt. Mit der Backschaufel vorsichtig herausnehmen und auf Küchenkrepp abtropfen lassen.
5. Das Öl heiß halten. Nun die Okras mit Ei und Semmelbröseln panieren und im heißen Öl goldbraun herausbacken. Auf Küchenkrepp abtropfen lassen. Rasch mit dem Fisch servieren. Etwas Salz darüber streuen und mit Limetten garnieren.

Tipp: Sehen Sie sich nach kleinen jungen Okraschoten um – denn sie sind die Besten. Sie dürfen beim Herausbacken übrigens weder den Fisch noch die Okras zudecken, da sie sonst schwitzen und keinen Biss mehr haben.

»Countryman« In den frühen 1970er-Jahren, als die neue Straße nach Hellshire (nur 20 Minuten von Kingston, Jamaika, entfernt) gebaut wurde, fanden einige von uns den Weg zu einer kleinen indischen Fischergemeinschaft am Strand und freundeten uns mit einem charismatischen jungen Fischer namens »Countryman« und seiner Familie an. Zum ersten Mal lernte ich den einfachen Lebensstil der Fischer aus nächster Nähe kennen und fand großen Gefallen an diesen Besuchen.

Wir beobachteten, wie er den neuesten Fang farbenprächtiger Papageifische, Chirurgen und Schnapper einholte. Schnell nahm er einige aus und reinigte sie im Salzwasser. Dann wurden sie von »Mummy« übernommen, die sie geschickt würzte, um sie dann in einem Wok über einem Feuer direkt am Strand zu braten.

Der Fisch wurde mit frisch gerösteten »Festivals« und »Bammies« sowie mit der üblichen Flasche »Pickle Sauce« serviert und war Welten von sämtlichen Fischgerichten entfernt, die ich bis dahin gegessen hatte. Das einfache Essen und das einfache Ambiente unter freiem Himmel mit den Füßen im Sand waren einfach zu idyllisch und es gab Momente, in denen ich mich mit dem Gedanken trug, »Aussteiger« zu werden. Aber natürlich habe ich das am Ende doch nicht in die Tat umgesetzt ...

In den 1980er-Jahren traf ich meinen Freund wieder: Und zwar in einem Film mit dem Titel »Countryman«, in dem dieser auch die Hauptrolle spielte. Heute lebt nur noch die Legende jener Tage weiter. Das idyllische Hellshire entwickelte sich in atemberaubender Geschwindigkeit und wurde zu einem beliebten Badeort, dessen vorzügliche Fischlokale vor allem an Wochenenden zahlreiche Ausflügler anziehen – an ruhigen Tagen kann man den relaxten Geist der frühen Jahre aber noch deutlich spüren.

Kreolischer Fischtopf

Dieser köstliche Fischtopf ist einfach zuzubereiten und leicht abzuwandeln. Sie können dazu jeden Fisch mit festem Fleisch und die verschiedensten Muscheln verwenden, je nachdem, was gerade erhältlich ist oder Saison hat.
Zubereitungszeit: 25 Minuten & 15 Minuten zum Kochen. Ergibt 4 – 6 Portionen.

2 EL Speiseöl
1 große Zwiebel, fein gehackt
4 Frühlingszwiebeln, geputzt und fein gehackt
2 Knoblauchzehen, fein gehackt
1 scharfe Chilischote, entkernt und in feine Streifen geschnitten
2 Dosen zu je 400 g Tomaten, abgegossen und die Flüssigkeit zurückbehalten
1 rote Paprikaschote, entkernt und in Streifen geschnitten
900 g Mahimahi- (Goldmakrelen-) oder andere feste Fischfilets, enthäutet und in Stücke geschnitten
4 EL frische Petersilie, fein gehackt
4 EL frischer Koriander, fein gehackt
Salz und Pfeffer
350 ml Kokosmilch
450 g gekochte Krabben, geöffnet, gesäubert und in Stücke geteilt, oder 4 kleine gekochte Landkrabben
frische Korianderzweiglein, zum Garnieren

1. Das Öl in einer mittelgroßen Bratpfanne mit starkem Boden erhitzen, die Zwiebel, Frühlingszwiebeln, den Knoblauch und die Chilischote hineingeben und 5 Minuten bei geringer Wärmezufuhr anbraten.
2. Die Tomaten und die Paprikaschote zufügen und etwa 5 Minuten weiterbraten.
3. Die Fischstücke in die Pfanne geben und das Gemüse mit einem Löffel darauf legen. Die Petersilie und den Koriander darüber streuen. Salzen und pfeffern. Die Kokosmilch zugießen und zum Kochen bringen.
4. Die Wärmezufuhr reduzieren, den Topf zudecken und 10 – 15 Minuten köcheln lassen.
5. Das gekochte Krabbenfleisch in den Topf geben und weitere 5 Minuten weitergaren lassen.
6. Kosten und mit den Gewürzen abschmecken. In eine vorgewärmte Servierschüssel füllen und mit den frischen Korianderzweiglein garnieren.

Gundy-Pasta

Ein alles andere als traditionelles Gericht, jedoch mit unverkennbar karibischen Tendenzen. Das einzige, worauf ich bestehen muss, ist, dass Sie frische, reife und saftige Eiertomaten verwenden. Versuchen Sie nicht, es mit Tomaten aus der Konserve zuzubereiten, weil Sie damit die Wirkung völlig verfehlen würden.

Die Zubereitung ist schnell und unkompliziert, sofern Sie ein Glas Gundy griffbereit haben. Ich empfehle »Solomon-Gundy« für dieses Rezept, es sei denn, Sie stellen ihr Gundy selbst her. Wie viel Gundy Sie dabei verwenden, bleibt Ihnen überlassen – aber kosten Sie immer mal zwischendurch, denn es hat einen kräftigen Geschmack.

Vorbereitungs- und Kochzeit: 20 Minuten. Ergibt 4 Portionen.

450 g Pasta (Penne oder Rigatoni)
Salz
6 reife Eiertomaten, entkernt und gewürfelt
2 Knoblauchzehen, gepresst oder fein gehackt
2 – 3 EL Solomon-Gundy (Seite 45 oder ein Fertigprodukt), oder nach Belieben
3 EL natives Olivenöl (Extra Vergine) guter Qualität
2 EL frische Petersilie, gehackt
1 TL geriebene Limettenschale

1. Einen großen Topf Wasser mit 2 TL Salz zum Kochen bringen. Die Pasta in das sprudelnde Wasser geben und umrühren. 10 – 15 Minuten oder so lange kochen lassen, bis die Nudeln »al dente« sind. In einem Sieb abgießen.
2. Inzwischen die Tomaten, 1 Prise Salz und den Knoblauch in einer großen Pastaschüssel vermengen. Gundy und Olivenöl dazufügen und umrühren.
3. Die dampfende Pasta in die Schüssel geben und alles vermischen. Die Petersilie und Limettenschale einstreuen und alles erneut vermengen. Nach Belieben noch einen Schuss Olivenöl darüber träufeln. Heiß servieren.

»Court Bouillon de Poisson« (Fisch in leichter Tomatensauce)

Guadeloupe

Guadeloupe ist bekannt für seine herrlichen Fische und Meeresfrüchte, weshalb ein Besuch auf dem Fischmarkt von Pointe à Pitre eine faszinierende Erfahrung bedeutet. Die Fischer sparen nicht mit Ratschlägen, wie man ihren verlockenden Fang, etwa diese Inselspezialität »Vivaneau«, zubereiten sollte. Unter »Court Bouillon« versteht man hier eine ganz schlichte Tomatensauce, die zu den bezeichnendsten Gerichten der Insel gehört. Die leichte, duftende Sauce ermöglicht es, dass sich alle Aromen des frischen Fisches voll entfalten können. Es handelt sich hier um ein ebenso einfaches wie köstliches Gericht.
Vorbereitungs- und Kochzeit: 25 Minuten & 1 Stunde zum Marinieren. Ergibt 4 Portionen.

2 x 450 g Vivaneau, Dorade (Goldbrasse) oder Roter Schnapper, gesäubert
Salz und Pfeffer
4 Knoblauchzehen, gepresst
1 Scotch Bonnet- oder andere scharfe Chilischote, entkernt und fein gehackt
Saft von 3 Limetten
ein paar Thymianzweiglein
1 – 2 EL Sonnebblumenöl
1 EL Anattoöl (Roucou) (Seite 232; optional, verleiht dem Gericht aber eine schöne rote Farbe)
2 EL frischer Schnittlauch, gehackt
1 Zwiebel, gehackt
3 große Tomaten, gewürfelt

1. Zuallererst den Fisch salzen und pfeffern, mit dem Knoblauch und dem Chili einreiben und der einen Hälfte des Limettensafts übergießen, die Thymianzweiglein dazugeben und 1 Stunde marinieren lassen.
2. Dann 1 EL Sonnenblumenöl heiß werden lassen und das Anattoöl (Roucou) dazugeben oder, wenn Sie es nicht verwenden, 2 TL Sonnenblumenöl erhitzen. Den Schnittlauch und die Zwiebel hineingeben und etwa 2 Minuten anbraten. Dann die Tomatenwürfel und 2 Knoblauchzehen zufügen und weitere 2 oder 3 Minuten braten.
3. Den Fisch ganz oder in Stücken dazugeben und 2 oder 3 Minuten lang auf allen Seiten anbraten.
4. Dann so viel Wasser zugießen, dass der Fisch bedeckt ist, noch etwas salzen und zum Kochen bringen. Die Wärmezufuhr reduzieren und bei geschlossenem Deckel 10 – 15 Minuten oder so lange köcheln lassen, bis der Fisch gerade gar ist.
5. Kurz vor dem Servieren die restliche Limettensauce zugießen, weitere 2 Minuten kochen lassen und dann sofort auftragen. Sehr oft nimmt man den Fisch aber auch heraus, streicht die Sauce durch ein Sieb, gibt den Fisch dann wieder in die Sauce und wärmt beides vor dem Servieren nochmals zusammen auf.

Gegrillte Fischsteaks mit »Sauce Chien«

Guadeloupe

Auf Guadeloupe werden viele Fleischgerichte gegrillt und häufig mit »Sauce Chien« serviert. Diese einfache traditionelle Sauce ist voll von Aromen – jeder Inselbewohner dosiert die Zutaten ganz individuell nach seinen Vorstellungen. Sie dürfen es genauso machen und die Menge der jeweiligen Zutaten an die Vorlieben Ihres Gaumens anpassen.

Zubereitungszeit: 10 Minuten & 1 Stunde für das Ziehenlassen der Sauce bzw. zum Marinieren des Fisches. Ergibt 4 Portionen.

4 Filets vom Marlin oder von einem anderen Fisch mit gehaltvollem Fleisch, gesalzen, gepfeffert, mit Knoblauch und Thymian gewürzt
Speiseöl zum Bepinseln
Für die »Sauce Chien« (ergibt 180 ml):
1 Scotch-Bonnet- oder andere scharfe Chilischote, entkernt und fein gehackt
Saft von 2 Limetten
2 EL Schnittlauch oder Frühlingszwiebeln, fein gehackt
1 große Zwiebel, sehr fein gehackt
2 Knoblauchzehen, fein gehackt
bis zu 60 ml Pflanzen- oder Olivenöl
Salz und frisch gemahlener schwarzer Pfeffer

1. Zuerst wird die »Sauce Chien« hergestellt: Dazu alle Zutaten mit Ausnahme des Öls vermischen. Das kann in einem Mixer erfolgen, obwohl es schöner aussieht, wenn das Gemüse von Hand sehr fein geschnitten wird. Dann das Öl nach und nach dazumischen und die fertige Sauce 1 Stunde lang ruhen lassen.
2. Die Fischfilets waschen, trockentupfen und wie beschrieben würzen. Dann mindestens 1 Stunde (am besten mehrere Stunden) marinieren lassen.
3. Grillpfanne und Fisch mit Öl bepinseln. Wenn die Grillpfanne heiß ist, die Fischfilets darauf legen und entsprechend ihrer Dicke auf jeder Seite 3 – 4 Minuten grillen. Einen großen Löffel voll Sauce darüber geben und servieren.

Karibische Meeresfrüchte-Paella

Puerto Rico

Dieses Gericht eignet sich ideal für eine Party mit leckerem Büffet. Denn es ist nicht nur eine bunte Augenweide, sondern schmeckt auch ganz wunderbar. Sie können für dieses Gericht jede Art von Kurzkornreis verwenden, also etwa auch kräftigen Risotto- oder Paellareis.

Zubereitungszeit: 30 Minuten & 50 Minuten zum Kochen. Ergibt 8 Portionen.

450 g Riesentintenfisch, gesäubert, und in 5 cm lange Stücke geschnitten
2 EL Olivenöl
1 große Zwiebel, gewürfelt
1 rote Paprikaschote, entkernt und in Vierecke geschnitten
125 g Chorizo (spanische Paprikawurst), grob gewürfelt
2 Knoblauchzehen, gepresst
1 gehäufter TL Paprikapulver
1/2 TL Cayennepfeffer
1 TL Kurkuma, gemahlen oder 1 TL Anattoöl (Seite 232)
225 g reife Tomaten, enthäutet und grob gewürfelt
1 l kochendes Wasser
350 g Kurzkornreis (Paellareis) oder Schnellkochreis
450 g rohe oder gekochte Garnelen
450 g frische Miesmuscheln oder kleine Venusmuscheln, abgebürstet und die Bärte entfernt
175 g frische oder tiefgefrorene grüne Erbsen
Salz und Pfeffer
1 Limette, in Spalten geschnitten, zum Garnieren

Für die Würze:

2 Frühlingszwiebeln, grob gehackt
1 TL getrockneter Thymian
1/2 TL Scotch-Bonnet- oder eine andere scharfe Chilischote, entkernt und fein gehackt

1. Alle Zutaten für die Würze in einem Mixer oder Mörser vermischen und über den Tintenfisch geben. Beiseite stellen.
2. Das Öl in einer Pfanne mit starkem Boden oder einer Paellapfanne bei mittlerer Wärmezufuhr erhitzen. Die Zwiebel, Paprikaschote und Chorizo zugeben und bei mittlerer Wärmezufuhr circa 5 Minuten braten. Knoblauch, Paprikapulver, Cayennepfeffer, Kurkuma oder Anattöl zugeben und noch 1 Minute weiterbraten.
3. Das Tintenfischfleisch mit der Marinade, die Tomaten und das Wasser zugeben, zum Kochen bringen, die Wärmezufuhr reduzieren und etwa 10 Minuten köcheln lassen. Dann den Reis einrühren und alles erneut kurz aufkochen lassen, die Wärme wieder reduzieren und ohne Deckel weitere 10 Minuten köcheln lassen.
4. Die Garnelen, Muscheln und Erbsen zugeben, die Pfanne zudecken und 20 – 30 Minuten oder so lange köcheln lassen, bis der Reis gar und die Flüssigkeit aufgesogen ist. Gelegentlich umrühren. (Falls nötig, etwas heiße Flüssigkeit zugießen. Probieren Sie den Reis am Pfannenrand – dort braucht er am längsten.) Dann alles gut vermischen und sofort servieren.

Tipp: Anstelle von Mies- oder Venusmuscheln können Sie auch zerkleinertes Langusten- oder Krabbenfleisch verwenden.

Geflügel

COQ AU RUM & WÜRZIGE BRATHÜHNCHEN

Als Kind war ich einmal von einem wild gewordenen Hahn verfolgt worden, deshalb hatte ich für diese Art von Federvieh nicht sehr viel übrig. Dafür liebte ich Holly und Ivy heiß und innig, eine Ente und eine Gans, die – was wir Kinder aber nicht wussten – in unserem Hinterhof für die Feiertage gemästet wurden. Das Weihnachtsessen fiel in jenem Jahr eher traurig aus. Meine Eltern, die auf einer Farm aufgewachsen waren, konnten nicht verstehen, warum ihre beiden Töchter angesichts des köstlichen Festmahls so hysterisch reagierten. Als man mich fragte, was um Himmels Willen denn eigentlich los sei, schluchzte und stammelte ich: »Ich…esse…doch…meine…Freunde…nicht!«

Es gehört zu den widersprüchlichen Dingen des Lebens, dass wir mit derlei Dingen irgendwie umzugehen lernen. Heute schmecken mir Ente und Gans ausgezeichnet – Huhn esse ich wie die meisten meiner Landsleute ohnehin sehr viel. Auf den Inseln wird es auf jede erdenkliche Weise serviert, und als Sonntagsmahl ist ein Geflügelgericht oft der kulinarische Höhepunkt der Woche. In der Regel wird das Federvieh mit den Knochen zubereitet, damit es saftiger bleibt. Ich glaube, dass wir Insulaner die saftigeren Schenkel und Keulen sogar einem Stück Brustfleisch vorziehen. Aber am Ende kommt es wie immer auf die Zubereitung an: Ich probierte ein köstliches »Ragout de Coq« auf Guadeloupe, das sehr gehaltvoll und überhaupt nicht trocken war. Das Geflügel stammte aus Freilandhaltung und das merkt man einfach!

Ente kommt etwas weniger oft auf den Tisch, es sei denn, man hat eine Farm. Bei der ostindischen Gemeinschaft auf Trinidad ist dieses Geflügel jedoch überaus beliebt: Bei einem »River Lime«, einem traditionellen Familienpicknick am Fluss, darf die Curry-Ente keinesfalls fehlen. Bei dieser Gelegenheit wird die Ente übrigens auf eine Art zubereitet, die man das »Kochen auf drei Steinen« nennt: Ein großer Eisentopf oder eine Pfanne »balanciert« über einem offenen Feuer auf ein paar Steinen.

Gekochtes Hühnchen mit heißem Frühlingszwiebel-Öl-Dip

Jamaikanisch-Chinesisch

Nach wie vor ist das eines meiner Lieblingsrezepte. Ich lernte es vor Jahren in der Küche eines chinesisch-jamaikanischen Freundes kennen. Das Gericht ist einfach, sättigend und es macht Spass mit Stäbchen und Dip-Schälchen zu essen. Aber Vorsicht! Auch wer den Umgang mit Stäbchen gewohnt ist, wird sich mit Sicherheit bekleckern. Halten Sie also die Serviette bereit, um die Sauce vom Kinn zu wischen.

Zubereitungszeit: 10 Minuten & 45 Minuten zum Kochen. Ergibt 6 Portionen.

6 EL Austernsauce (nach Belieben)

1 – 2 TL Salz

1 Brathuhn, gewaschen und ausgenommen

Für die Dips:

60 ml Erdnuss- oder ein anderes Pflanzenöl

4 EL Frühlingszwiebeln (die grünen und die weißen Teile), fein gehackt

60 ml Sojasauce

1 Scotch-Bonnet- oder andere scharfe Chilischote, fein aufgeschnitten (nach Belieben)

1. Einen großen Topf zur Hälfte mit Wasser füllen und zum Kochen bringen. Die Austernsauce, das Salz und das ganze Huhn hineingeben und zudecken.
2. Während das Huhn kocht, die Flüssigkeit gelegentlich abschäumen. Nach etwa 45 Minuten dürfte das Fleisch gar sein.
3. Das Huhn aus dem Wasser nehmen und auf eine Platte legen. Je nachdem wie zwanglos gegessen wird, können Sie es sofort servieren und jeder nimmt sich, so viel er will, oder Sie zerlegen es zuerst. Dazu entfernen Sie die Haut, zerteilen das gesamte Fleisch in Streifen und geben es in eine Schüssel. (Die Kochflüssigkeit können Sie als Brühe aufbewahren. Schöpfen Sie nach dem Erkalten das Fett ab.)
4. Für die Dips zunächst das Öl in einem kleinen Topf erhitzen. Die Frühlingszwiebeln in eine feuerfeste Schüssel geben und wenn das Öl siedend heiß ist, gießen Sie es über die Zwiebeln, sodass es richtig zischt.
5. Verteilen Sie inzwischen kleine Schüsseln mit Sojasauce auf dem Tisch, einige mit und einige ohne Chilischeibchen.
6. Falls gewünscht, können Sie dazu in kleinen Schalen Reis servieren. Aber eigentlich handelt es sich hier wirklich nur um einen zwanglosen Snack. Das Huhn wird zuerst in die Sojasauce und dann in das Öl getunkt. Kosten, genießen und dann gleich noch mal!

»Chicken Pelau« (Pilaw mit Hähnchen)

Trinidad

Dieses Gericht ist auf Trinidad das, was »Curried Goat« (»Ziegenfleisch-Curry«) auf Jamaika ist – nämlich eine ernsthafte Tradition. Diese Version stammt von Pat Traceys Mutter, die sich leider nie an genaue Maßangaben hält. Deshalb müssen wir hier einfach unser Glück versuchen …

Zubereitungszeit: 1 Stunde (oder über Nacht) zum Marinieren & 30 Minuten & 30 Minuten zum Kochen. Ergibt 6 Portionen.

1 mittelgroßes Brathuhn, in mehrer Stücke zerlegt
etwas Salzwasser
1 EL Zuckerrohressig oder destillierter (weißer) Malzessig
2 Zwiebeln, gehackt
3 Thymianzweiglein
3 Knoblauchzehen, gepresst
Salz und Pfeffer
2 – 3 EL Pflanzenöl
2 EL brauner Zucker
1 Paprikaschote, gehackt
100 g Kürbis, gewürfelt (nach Belieben)
400 g Reis, parboiled
110 ml Kokosmilch
bis zu 1 l Wasser
1 scharfe Chilischote, ganz

1. Die einzelnen Hühnerteile in Salzwasser waschen und trockentupfen. Mit dem Essig, den Zwiebeln, dem Thymian, Knoblauch, Salz und Pfeffer würzen. Zudecken und 1 Stunde oder über Nacht marinieren.
2. Das Öl in einer großen feuerfesten Kasserolle heiß werden lassen. Den Zucker zugeben und karamellisieren lassen. Die Mischung soll sprudeln und schäumen, aber nicht anbrennen.
3. Die Gewürze des Huhns zurückbehalten, die Stücke portionsweise in die Kasserolle geben und auf allen Seiten anbräunen.
4. Nun die abgegossenen und zurückbehaltenen Gewürze, die Paprikaschote und (falls verwendet) den Kürbis dazugeben und verrühren. Das Ganze etwa 5 Minuten köcheln lassen und dann den Reis hinzufügen. Darauf achten, dass alles gut vermischt ist. Etwas salzen.
5. Die Kokosmilch und das Wasser zugießen. Umrühren (der Reis muss von etwa 2,5 cm Flüssigkeit bedeckt sein), die Chilischote dazugeben und zum Kochen bringen. Die Schote darf nicht verletzt werden, da das Gericht sonst sehr scharf wird.
6. Sofort die Wärmezufuhr reduzieren, zudecken und bei geringer Temperatur etwa 35 Minuten lang dämpfen, bis der Reis gar ist. Während dieser Zeit den Deckel nicht öffnen und auch nicht umrühren, sondern das Ganze erst unmittelbar vor dem Servieren vorsichtig auflockern.

»Coq au Rum« (Hähnchen in Rum)

Diese Zubereitungsmethode des Hähnchens mit den verschiedenen Gewürzen und Tomaten ähnelt einem Frikassee. Der Zusatz von dunklem Rum und Sahne verleiht dem Gericht jedoch etwas Geheimnisvolles, Tiefgründiges ... Trotz der relativ großen Portion Rum ist der Geschmack viel subtiler als man erwarten würde.

Zubereitungszeit: 10 Minuten & 2 Stunden zum Marinieren & 30 Minuten zum Kochen. Ergibt 4 Portionen.

1 Brathuhn mit Haut (es sei denn, Sie bestehen darauf, sie zu entfernen), zerlegt
Saft von 1 Limette
1 EL Öl zum Braten (verwenden Sie mehr, wenn Sie die Haut des Huhns entfernen)
180 ml dunkler Rum
1 TL Pimentbeeren oder 1/2 TL gemahlener Piment
2 Lorbeerblätter
250 g Tomaten, entkernt und ohne Haut
1 Kartoffel, geschält und gewürfelt
125 ml Wasser
200 g Pilze (Champignons o. Ä.), aufgeschnitten
125 ml Schlagsahne (köstlich, aber optional)
Salz und Pfeffer

Für die Würze:
1 Zwiebel, gehackt
1/2 oder 1 Scotch-Bonnet- oder andere scharfe Chilischote, entkernt
4 Frühlingszwiebeln, fein geschnitten
3 Knoblauchzehen, zerdrückt

1. Das Hähnchen in Salzwasser waschen, trockentupfen und dann mit dem Limettensaft beträufeln.
2. Alle Zutaten für die Würze fein hacken, vermischen und die Hähnchenteile damit einreiben. Zudecken und mindestens 2 Stunden oder bis zu einem Tag im Kühlschrank marinieren.
3. Das Öl in einem großen Topf heiß werden lassen. Den überschüssigen Teil der Würze von den Hähnchenteilen entfernen und zurückbehalten. Die Teile portionsweise anbräunen; dann aus dem Topf nehmen und beiseite stellen.
4. Die zurückbehaltene Würze in den Topf geben, die Zwiebel und die Frühlingszwiebeln zufügen und glasig werden lassen.
5. Ein Drittel (60 ml) des Rums zugießen und die schmackhaften Reste vom Anbräunen der Hähnchenteile vom Topfboden abschaben. Dann die Hähnchenteile, den Piment, die Lorbeerblätter, Tomaten, Kartoffel und das Wasser in den Topf geben. Zum Kochen bringen, die Wärmezufuhr reduzieren, zudecken und etwa 25 Minuten köcheln lassen, bis alles gar ist. (Dass die Kartoffel dabei verkocht, macht überhaupt nichts. Sie wird dadurch die Sauce dicker machen.) Falls nötig, noch mit etwas Wasser aufgießen.
6. Das Huhn aus dem Topf nehmen. Wenn Sie eine glatte Sauce bevorzugen, so ist jetzt der richtige Zeitpunkt, um sie durch ein Sieb zu streichen.
7. Nun die Pilze und den restlichen Rum in die Sauce geben und weitere 5 Minuten köcheln lassen, bis der Alkohol verdampft ist. Überschüssiges Fett abschöpfen.
8. Falls verwendet, nun noch die Schlagahne einrühren und kosten, ob noch etwas Würze notwendig ist. Die Sauce auf den warmen Hähnchenstücken verteilen und servieren.

Kräftiges Hähnchen-»Rundown«

Mit »Oiled Down« und »Rundown« bezeichnet man das Reduzieren von Kokosmilch und Gewürzen, bis daraus eine dicke Sauce entsteht. Sie erhalten bei diesem Gericht ein besseres Aroma, wenn Sie frische Kokosmilch verwenden, deren Zubereitung aber etwas dauert (siehe »Nützlich & Wissenswert«). Wenn Sie ein Fertigprodukt vorziehen, ist Kokosmilchpulver eine gute Wahl, da sie etwas dicker zubereitet werden kann als bei Kokosmilch in der Dose. Was das Geflügel angeht, habe ich mich hier für ausgelöste Brüste ohne Knochen entschieden. Der zugefügte Weißwein und die Schlagsahne machen das Gericht zwar etwas üppiger, der einmalige Geschmack wird Sie diese kleine Sünde aber vergessen lassen. Das Rezept ist übrigens so narrensicher, dass man Ihre Kochkunst rühmen wird, auch wenn Sie in Wirklichkeit kein Küchenprofi sind.

Zubereitung- und Kochzeit: 1 Stunde für das Marinieren & 1 Stunde & 40 Minuten. Ergibt 4 – 6 Portionen.

4 ausgelöste Hähnchenbrüste, in kleine Würfel geschnitten
1 TL frische Thymianblätter, gehackt
2 Knoblauchzehen, gehackt
1/2 TL Salz und 1 Prise weißer Pfeffer
1 Frühlingszwiebel, fein gehackt
180 ml Kokosmilchpulver, nach der Packungsanweisung gemischt (oder aus der Dose)
1/2 Scotch-Bonnet- oder eine andere scharfe Chilischote, entkernt und gehackt
6 Pimentbeeren oder 1/4 TL Piment, gemahlen
2 EL Öl, zum Braten
110 ml trockener Weißwein
110 ml Schlagsahne
1 EL frischer Koriander, gehackt, zum Garnieren

1. Die Hähnchenbrüste waschen und würfeln, mit dem Thymian, Knoblauch, Salz und Pfeffer und der Frühlingszwiebel würzen, zudecken und möglichst 1 Stunde im Kühlschrank marinieren.
2. Die Kokosmilch anrühren (oder die Dose öffnen). Chilischote, Piment und Frühlingszwiebel zufügen und 10 – 15 Minuten kochen lassen (aber nicht zudecken!). Die Kokosmilch reduzieren, dabei die Wärmezufuhr verringern und noch etwas Pulver zufügen, falls sie zu dünn ist.
3. Das Öl in einer großen feuerfesten Kasserolle oder Bratpfanne erhitzen, die Hähnchenwürfel hineingeben und unter Rühren etwa 8 Minuten lang braten. (Das Fleisch nicht zu braun werden lassen, da sonst die Farbe der Sauce darunter leidet.)
4. Gießen Sie den Weißwein zu, lösen Sie alle Reste vom Anbraten des Hähnchens vom Topfboden und rühren Sie weitere 2 Minuten, bis der Wein größtenteils absorbiert ist.
5. Nun noch die eingedickte Kokosmilch und die Schlagahne dazugeben, umrühren und 1 Minute köcheln lassen. Vom Herd nehmen und mit Koriander garnieren. Mit »Pumpkin Rice« (Kürbis-Reis, Seite 169) und Salat bei Kerzenschein servieren …

Tipp: Verwenden Sie »Coconut-Rundown-Sauce« (sehr gut sortierte Supermärkte führen dieses Produkt) als Ersatz für Kokosmilch, aber fügen Sie sie erst am Ende mit der Schlagsahne hinzu, da sie bereits gewürzt und reduziert ist.

Brathähnchen mit fünf Gewürzen

Je länger Sie das Hähnchen marinieren, umso intensiver wird natürlich der Geschmack. Dieses Rezept ist aber auch köstlich, wenn Sie das Hähnchen eilig grillen möchten (auf gut karibisch: »spatchcook«). Als Sonntagsbraten empfehle ich, das ganze Hähnchen im Bräter mit Röstkartoffeln und extra Knoblauch zuzubereiten.
Zubereitungszeit: über Nacht zum Marinieren & 20 Minuten & 1 1/2 Stunden zum Braten. Ergibt 4 Portionen.

1 Hähnchen (1,6 kg)
Saft von 1 Limette
2 EL leichte Sojasauce
2 EL Honig
4 Zimtstangen
6 Sternanis
6 Kardamomkapseln
6 Nelken
6 Pimentbeeren
2 Knoblauchzehen, gehackt
6 Knoblauchzehen, geschält aber im Ganzen belassen
1 scharfe Chili, halbiert

1. Das Hähnchen waschen und mit Küchenkrepp trockentupfen. Mit Limettensaft einreiben und 10 Minuten beiseite stellen.
2. Die Sojasauce und den Honig in einer kleinen Schüssel verrühren. Die Hälfte von den Zimtstangen und vom Sternanis, alle Kardamomkapseln, Nelken und Pimentbeeren und 2 Knoblauchzehen im Mörser zerkleinern und vermischen. Das Hähnchen mit dieser Mischung einreiben. In Folie einwickeln und über Nacht im Kühlschrank marinieren lassen.
3. Den Backofen auf 170 °C / Gas Stufe 3 vorheizen.
4. Das Hähnchen aus dem Kühlschrank nehmen, in den Bräter legen, den Rest der Knoblauchzehen, Zimtstangen und des Sternanis dazugeben. Die scharfe Chili in den Bauch des Hähnchen legen (vor dem Servieren aber wieder entfernen!). 1 – 1 1/2 Stunden oder so lange im Rohr braten, bis das Fleisch gar ist und gelegentlich begießen. Sofort servieren.

Tipp: Zum eiligen Grillen oder Braten trennen Sie mit einem scharfen Messer oder einer Geflügelschere das Rückgrat des Hähnchens durch, öffnen das Geflügel und drücken es mit der Handfläche kräftig flach. Damit es flach bleibt, können Sie es mit Metall- oder gewässerten Holzspießen diagonal durchstechen. Sie beschleunigen dadurch die Garzeit.

Würzige Ente mit Tamarindensauce

Ente ist auf den Karibischen Inseln kommerziell nicht sehr verbreitet, aber so mancher, der Platz dafür hat, hält sich ein paar dieser Vögel für den eigenen Bedarf. Auf Trinidad isst man Curry-Ente gerne beim »River-Lime«, einem Picknick am Fluss – aber das wissen Sie ja bereits, wenn Sie meine kleine Einleitung zu diesem Kapitel gelesen haben.

Dieses Gericht ist leicht zuzubereiten und variabel – ja nachdem, wie »durch« Sie die Entenbrüste braten.

Vorbereitungs- und Kochzeit: 50 Minuten. Ergibt 4 Portionen.

Für die Entenbrüste:

4 Entenbrüste

2 Knoblauchzehen, zerdrückt

etwa 1/2 TL Salz

1 TL Fünf-Gewürze-Pulver

Für die Tamarindensauce:

80 ml Chiligelee (Seite 197)

4 EL heißes Wasser

2 EL Rohrzuckeressig oder destillierter (weißer) Malzessig

1 EL Tamarindenpaste

2 Knoblauchzehen, fein gehackt

1 TL Zucker

1 EL frischer Koriander, gehackt

1. Den Backofen auf 200 °C / Gas Stufe 6 vorheizen.
2. Die Entenbrüste mit einem scharfen Messer in einem Diamantmuster einschneiden – aber nur Haut und Fett, nicht aber das Fleisch durchschneiden! Dann vollständig mit Knoblauch, Salz und dem Fünf-Gewürze-Pulver einreiben. Etwa 30 Minuten beiseite stellen, während Sie die Sauce zubereiten.
3. Alle Zutaten für die Sauce in einer Kasserolle miteinander vermischen. Bei mäßiger Wärmezufuhr unter ständigem Rühren so lange kochen, bis das Chiligelee geschmolzen ist. Die Temperatur reduzieren und bei geringer Wärmezufuhr 10 Minuten köcheln lassen, falls nötig auch länger, damit die Sauce etwas eindickt; dabei ständig rühren. Von der Kochstelle nehmen.
4. Die Entenbrüste mit der Hautseite nach unten bei geringer Wärmezufuhr in eine beschichtete Pfanne legen, bis das Fett zu zerlaufen beginnt. Dann auf mittlere Temperatur heraufschalten und etwa 5 Minuten braten. Wenden und weiterbraten, bis das Fleisch nach Ihren Wünschen gegart ist. Nach weiteren 5 – 6 Minuten Bratzeit pro Seite ist das Fleisch in der Regel innen rosa. Wenn Sie es stärker durch haben wollen, lassen Sie es bei mäßiger Wärmezufuhr noch ein paar Minuten weiterbraten, bis es die gewünschte Art erreicht hat.
5. Die Sauce erneut wärmen und sofort mit der in Scheiben geschnittenen Entenbrust servieren.

Ingwer- & Knoblauchhähnchen mit süßer Barbecuesauce

Das Geheimnis von gegrilltem oder gebratenem Geflügel aller Art besteht darin, es vorher gut zu würzen oder zu marinieren. Dieses Gericht kann entweder im Backofen oder auf dem Grill zubereitet werden.

Zubereitungszeit: 15 Minuten & über Nacht zum Marinieren & 1 1/2 Stunden zum Braten. Ergibt 4 – 6 Portionen.

1 Hähnchen (1,5 kg), »spatchcooked«, also für Eilige (siehe Tipp, Seite 110)

4 Knoblauchzehen, zerdrückt

5 cm frische Ingwerwurzel am Stück, geschält und gerieben

Für die Barbecuesauce:

310 ml Tomatenketchup

2 EL Honig

2 TL Melasse (optional)

2 EL Pickapeppa- oder Worcestershiresauce

1 TL scharfer Senf

Saft von 1 Limette

1 TL scharfe Chilisauce (nach Belieben etwas mehr oder weniger)

1 TL Salz

frisch gemahlener schwarzer Pfeffer

60 ml Wasser

Brunnenkresse, zum Garnieren

1. Für die Sauce Tomatenketchup, Honig, Melasse, Pickapeppa- oder Worcestershiresauce, Senf, Limettensaft, Chilisauce, Salz, Pfeffer und Wasser in eine Kasserolle geben und unter ständigem Rühren zum Kochen bringen. Ein paar Minuten lang kochen, bis sich alle Zutaten vollkommen vermischt haben. Von der Kochstelle nehmen und beiseite stellen. Abkühlen lassen.
2. Das Hähnchen waschen, trockentupfen und dann mit einem scharfen Messer an Brust und Schenkeln einschneiden. Die Einschnitte sollten ziemlich tief sein, damit die Gewürze möglichst gut in das Fleisch eindringen können.
3. Den Knoblauch und die geriebene Ingwerwurzel zu einer Paste vermischen. Das Hähnchen damit bestreichen und auch in die Einschnitte drücken. Ein Viertel der Barbecuesauce darüber gießen und ebenfalls gut in die Haut reiben. Zudecken und über Nacht im Kühlschrank marinieren lassen.
4. Den Backofen auf 180 °C / Gas Stufe 4 vorheizen. Das Hähnchen in einen Bräter geben. Die restliche Barbecuesauce auf das Hähnchen geben und dieses im Rohr etwas 1 1/4 – 1 1/2 Stunden braten. Dabei ständig begießen.
5. Auf einer Servierplatte anrichten, mit Brunnenkresse garnieren und sofort servieren.

»Curry-Hähnchen de luxe«

Es gibt unzählige Curry-Arten, auch in der Karibik. Manche werden mit, andere ohne Kokosmilch zubereitet, und auf Jamaika schmeckt es anders als auf Trinidad. Darüber hinaus können Currys stark variieren, je nachdem, welche Gewürzmischung man verwendet und welche Beilagen man dazu serviert. Zu diesem Gericht passen ein gutes Frucht-Chutney und Reis.
Zubereitungs- und Kochzeit: 3 Stunden zum Marinieren & 30 Minuten. Ergibt 6 Portionen.

6 Hähnchenbrüste ohne Haut und Knochen, gewaschen
Salz und Pfeffer
Öl, zum Braten
3 Kardamomkapseln
2 Tomaten, ohne Haut, entkernt und gehackt
60 ml Kokosmilch
etwa 60 ml Wasser
25 g Rosinen

Für die Würze:
2 Frühlingszwiebeln, fein geschnitten
2 Thymianzweiglein
1/2 Scotch-Bonnet- oder eine andere scharfe Chilischote, in Scheibchen
1 Zwiebel, gehackt
2 Knoblauchzehen, gepresst
4 TL West-Indian-Currypulver oder -paste
Zum Garnieren:
225 g Mandelplättchen, geröstet
frische Petersilie, gehackt
2 EL frische Kokosnuss, geraspelt (nach Belieben)

1. Die Hähnchenbrüste waschen, trockentupfen und in 5 cm große Stücke schneiden. Dann mit der Würzmischung einreiben. (Fassen Sie die scharfe Chilischote nicht an, wenn Sie es nicht gewohnt sind, sondern mischen Sie sie zum Schluss mit einem Löffel darunter.) Wenn möglich, etwa 3 Stunden marinieren lassen.
2. Das Öl in einer Pfanne heiß werden lassen. Die Gewürze von den Hähnchenstücken abstreifen und zurückbehalten. Die Hähnchenstücke 5 – 6 Minuten anbräunen lassen, und dann die zurückbehaltenen Gewürze, die Kardamomkapseln und Tomaten zugeben. Etwa 1 Minute leicht kochen lassen.
3. Die Kokosmilch zugießen und einrühren; dabei die Reste des Bratensatzes vom Pfannenboden abschaben. Das Hähnchen köcheln lassen, dann etwas Wasser zugießen und wieder umrühren. (Sie können noch mehr Wasser zugießen, falls sich das Kochgut erneut anlegt.) Nach etwa 4 Minuten mit den Gewürzen abschmecken, die Rosinen zufügen und etwa 1 Minute weiterkochen lassen. Dann von der Kochstelle nehmen. Mit gerösteten Mandelblättchen, frischer Petersilie und (falls verwendet) frisch geraspelter Kokosnuss bestreuen und servieren.

PORK...
CHICKEN...
FISH...
BREAFRUIT
YAM

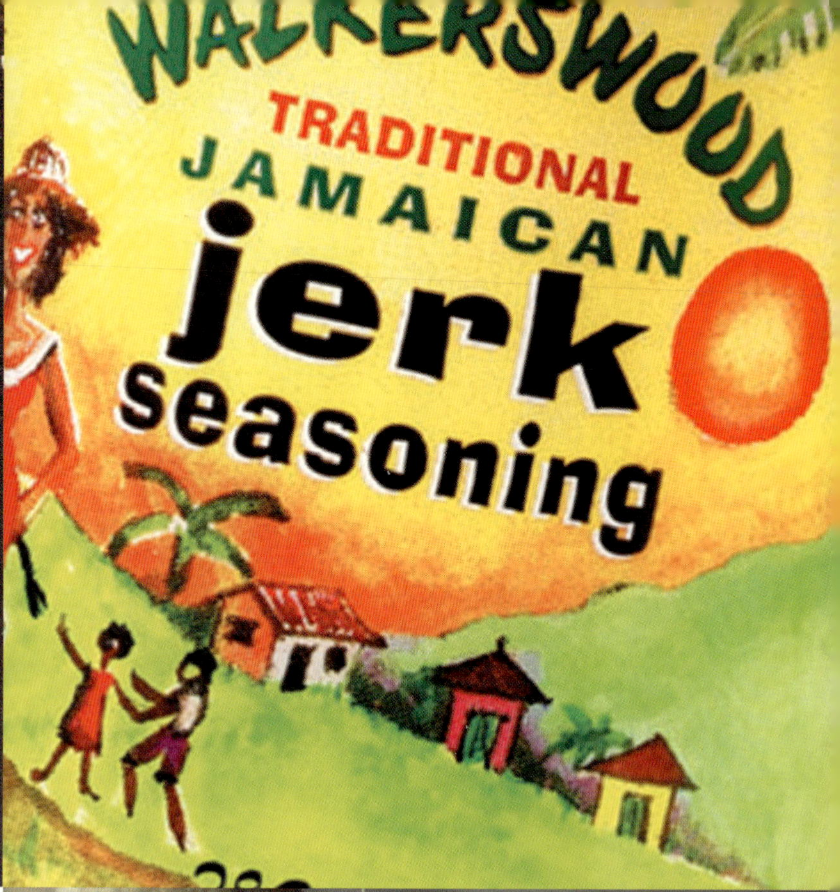
WALKERSWOOD
TRADITIONAL
JAMAICAN
jerk
seasoning

JERK

jerk

TRADITIONELL, MODERN & WIRKLICH SCHARF

Allerlei zum Thema »Jerk« Um das wahre Jerk zu finden, müssen wir ins Lande »Look behind« gehen, in das historische Gebiet der Maroons, das die Britische Armee niemals zu betreten gewagt hatte. Aber der Reihe nach: Was ist Jerk überhaupt? Nun, es ist die traditionelle jamaikanische Zubereitungsmethode von stark gewürztem Fleisch, das über einer Feuergrube mit Pimentholz langsam gegart wird. Dadurch bleibt das Kochgut zart und beschert dem, der es genießt, eine karibische Köstlichkeit, die sich durch eine reizvolle Kombination aus Schärfe, Geschmack und Aroma auszeichnet. So, jetzt aber zur Entstehungsgeschichte: Die bekannteste (von zahllosen) Version besagt, Jerk sei von den Maroons perfektioniert worden, die Grundlagen dieser Kochkunst wahrscheinlich aus ihrer afrikanischen Heimat mitgebracht und danach durch Anleihen bei den Ur-Jamaikanern, den Tainos, perfektioniert hätten. Die Maroons, ehemalige afrikanische Sklaven, waren auf Jamaika geblieben, nachdem sie von den Spaniern freigelassen worden waren. Als die Briten später die Herrschaft über Jamaika übernahmen, leisteten ihnen die Maroons erbitterten Widerstand. Sie verbargen sich im wilden und zerklüfteten »Cockpit Country« – dem von Kalksteinhöhlen durchsetzten unwirtlichsten Teil der Insel – und jenseits des bergigen Rückgrats der Insel ganz im Osten, in den Blue Mountains. Die Maroons überlebten dank ihrer Tapferkeit und ihrer Geschicklichkeit, vor allem bei der Jagd auf wilde Schweine, die die Spanier zurückgelassen hatten. In diese Zeit fiel wohl auch die Geburtsstunde des Jerk.

Das Fleisch der Schweine, die mithilfe gut trainierter Hundemeuten gejagt wurden, musste rasch gekocht und konserviert werden, ohne dass die Maroons dabei von den Briten entdeckt wurden. Die feindlichen Soldaten durchstreiften die Gegend zu zweit auf einem Pferd sitzend: Einer schaute nach vorne, der andere nach hinten, um auf einen möglichen Hinterhalt der Maroons vorbereitet zu sein. Für die einstigen Sklaven hieß das, dass der Rauch einer Kochstelle möglichst unauffällig sein musste und man, besser noch, eine andere Art der Haltbarmachung fand. Die scharfe Würze ersetzte bei den Maroons wahrscheinlich das üblichere Einsalzen (Pökeln) oder Räuchern des Fleisches.

Schließlich schlossen die Maroons einen Friedensvertrag mit den Briten und man erlaubte ihnen, auf ihrem eigenen Gebiet zu leben. Sie blieben lange Zeit in der Abgeschiedenheit und erschienen erst nach der Unabhängigkeit auf ländlichen Märkten, wo sie »Jerk-Pork«-Portionen aus eigens dafür hergestellten Taschen aus Palmblättern, so genannten »Intetahs«, heraus verkauften. Dieses Schweinefleisch-Jerk war sehr beliebt, aber die Zubereitung war lange Zeit ein wohl gehütetes Geheimnis. Erst vor etwa 50 Jahren wurde eine Version des Jerk-Rezepts gelüftet und man begann, das Gericht offen zuzubereiten. Das geschah zum ersten Mal in Portland, im Tiefland unterhalb von Moore Town, einer der noch bestehenden wenigen Maaron-Siedlungen (andere sind Accompong und Maroon Town, Westmoreland), wo meine Großmutter geboren wurde. Besucher aus aller Welt haben sich seitdem von der faszinierenden Geschichte der Maroons überzeugt.

Der Begriff »Jerk«, der schwierig zu erklären ist, wurde wahrscheinlich von »Jirk« abgeleitet. So hat man vermutlich das spanische »Charqui« (Dörrfleisch) ins Englische übersetzt. Aber wahrscheinlich sind, wie so oft bei alten Traditionen, auch andere Deutungen möglich.

Modernes »Jerk« Ich habe das allererste Mal als Teenager von Jerk gehört, als wir im Urlaub nach Portland an die Nordküste Jamaikas fuhren. Boston Bay, heute noch einer der berühmtesten Orte für Jerk, war einer der Strände, die wir damals besuchten. Dort aß ich mein erstes Jerk-Gericht – und es schmeckte fabelhaft. Ich erzählte damals begeistert Freunden davon, einige schienen es bereits seit den 1960er-Jahren zu kennen, aber auf den Speisekarten und als fester Bestandteil eines herkömmlichen jamaikanischen Abendessens hat sich Jerk erst 20 Jahre später eingebürgert. Die weit verbreitete Popularität von Jerk ist also relativ neu. Überall entstanden kleine Lokale, so genannte »Jerk-Pits«, in Montego Bay und in Kingston, aber im Grunde gilt es weiterhin hauptsächlich als Street Food.

Traditionsgemäß wurde nur Schwein auf diese Weise zubereitet, aber als Jerk in den letzten Siebzigern groß in Mode kam, entstanden neue Kreationen. Damals hatte die Rastafari-Bewegung (Bob Marley, Sie erinnern sich!) immer mehr Einfluss gewonnen und es war »in« Vegetarier zu sein. Die Rastafaris tolerierten vielleicht noch Jerk-Fisch und -Geflügel, aber Schwein und Schweinefleischesser waren vollkommen verpönt.

Und schon bald überflügelte Jerk-Hähnchen das Schweinefleisch auf der Beliebtheitsskala. In den 1970er-Jahren versuchte man auch, das Geheimnis der Jerk-Würze zu entschlüsseln und als Fertigprodukt zu vertreiben. »Walkerswood Caribbean Foods« (damals »Cottage Industries«) war das erste jamaikanische Unternehmen, das Jerk-Gewürz kommerziell abfüllte und exportierte (»Die Walkerswood-Geschichte«, Seite 124). Nachdem Jerk nun in größerem Stil vertrieben wurde, begann man, mit Fisch, Lamm und eigentlich allem, was man sich nur vorstellen kann, zu experimentieren. Das Jerk-Gewürz hielt in die Küchen der Stadtbewohner Einzug und seine Beliebtheit verbreitete sich so schnell wie ein Buschfeuer! Als Ergebnis dieser zunehmenden Popularität schossen in Städten und Dörfern »Jerk Centres« wie Pilze aus dem Boden und an vielen Straßenecken wurden »Jerk-Pans« aufgestellt. Dabei handelt es sich um ein halbiertes Ölfass, das horizontal auf Beine gesetzt wird, mit einem Drahtrost, einem Deckel mit Scharnier und Griff und einem Loch an der Unterseite, damit Luft einströmen kann. Alles in allem also ein einfacher, aber sehr effizienter Barbecue-Grill. Manche Verkäufer bieten hier Grillhähnchen, andere Jerk-Hähnchen oder Jerk-Schweinefleisch an.

Seit den 1980er-Jahren schnellte der Export von Jerk-Gewürz in ungeahnte Höhen: Die Gewürzmischung ist heute in Europa und Nordamerika, ja sogar in Südafrika und Japan erhältlich. Ich kann guten Gewissens behaupten, dass Jerk wahrscheinlich die bekannteste typisch-karibische Geschmacksnote ist – auch, wenn es wahrscheinlich niemals ganz gelingen wird, das authentische »Maroon-Jerk« zu reproduzieren. Immerhin ermöglicht das Fertiggewürz bei richtiger Anwendung die Zubereitung eines delikaten Jerk-Gerichts zu Hause. Am besten schmeckt die Sache natürlich traditionell vom offenen Feuer: Da aber wohl kaum jemand eine Jerk-Grube im Hinterhof ausheben und Pimentholz für das Feuer sammeln wird, dürfte ein abdeckbarer Grill mit heißer Holzkohle die beste Alternative sein. Darauf lässt sich wirklich gutes Jerk herstellen – wenn es gar nicht anders geht, kann man Jerk-Gerichte natürlich auch im Rohr oder sogar in der Pfanne zubereiten.

Verwenden Sie dafür stets ein großes Fleischstück. Damit meine ich ein halbes Huhn, eine Schweineschulter, eine entbeinte Lammhaxe oder etwas Ähnliches. Wenn Sie ein Stück verwenden, das nicht zu schnell gar ist, bekommen sie einen feineren Geschmack und eine bessere Struktur. Da es sich bei Jerk um ein traditionell scharf gewürztes Gericht handelt, bin ich dagegen, es abzumildern. So wie es manche tun, die versuchen, allen gerecht zu werden und behaupten, sie würden Jerk essen oder anbieten, obwohl es sich tatsächlich nur um würziges Gegrilltes handelt. Andererseits muss man, gerade was den Pfeffer angeht, auch nicht maßlos übertreiben. Aber das vermeidet man am besten durch richtiges Marinieren – wenn möglich die ganze Nacht über. Dabei können alle Aromen das Fleisch fein durchdringen, keine Würze dominiert. Das ist eines der Geheimnisse für gutes Jerk. Wenn Sie nicht wenigstens einige Stunden Geduld haben, werden Sie kein gutes Ergebnis erzielen.

Beim Braten sollten Sie sich auch Zeit lassen: Sorgen Sie für langsame Hitze. Die Kohlen sollten weiß glühen, bevor Sie das Fleisch auflegen. Pinseln Sie den Rost mit Öl ein, um ein Anhaften des Grillguts zu verhindern. Es sollten keine Flammen herauszüngeln, wenn Sie das Fleisch darauf legen!

Garen Sie Ihr Schwein, Lamm und Huhn am besten mit der Haut; das verbessert den Geschmack erheblich. Falls nötig oder gewünscht, können Sie die Haut hinterher immer noch entfernen.

Decken Sie das Fleisch wenigstens eine Zeit lang zu, so dass es etwas gedämpft wird und nicht austrocknet. Garen Sie es lange und langsam und wenden Sie es ein- bis zweimal. Denken Sie stets daran: Jerk ist kein gewöhnliches Grillgut; Sie wollen keine verkohlten, schwarzen Krusten und das Fleisch sollte nicht verbrannt sein. Wenn es fertig ist, sollte das Fleisch geradezu vom Knochen fallen: Beim traditionellen Jerk gibt es kein »rare« oder »medium«.

Nicht-traditionelle »Jerk«-Varianten Sie sollten jetzt alles vergessen, was ich Ihnen im vorhergehenden Abschnitt über traditionelles Jerk erzählt habe. Nehmen Sie vielmehr Ihr Glas mit Jerk-Gewürz zur Hand und überlegen Sie sich, was man sonst noch damit machen könnte. Ich habe schon von allen möglichen Sachen gehört – vom Jerk-Sushi bis zum Jerk-Alligator. Was als Nächstes kommt? Nun ja, das hängt von uns allen ab. Denn bei einer Küche, die sich unaufhörlich weiterentwickelt, werden die Gerichte, die gerne gegessen und immer wieder zubereitet werden, zwangsläufig irgendwann auf der Speisekarte landen und dort auch bleiben.

Wenn Sie den Geschmack von Jerk mögen, werden Sie es – wie viele Jamaikaner – vielleicht als Allround-Gewürz verwenden. Kein Problem, denn die Grundlagen finden sich in jeder Küche: Piment, Chili und Pfeffer, Frühlingszwiebeln und Zimt. Dabei handelt es sich durchweg um sehr intensive Aromen, sodass Sie das Gewürz sparsam einsetzen und zudem überlegen sollten, mit welchen anderen geeigneten Zutaten Sie einen Ausgleich schaffen können. Ich finde Jerk zum Beispiel wunderbar in Verbindung mit Fleisch, Geflügel oder Meerestieren, mit Tomaten und Pasta (Seite 140: »Jerk-Hähnchen-Pasta«). Es kann nicht schaden, wenn Sie einen Schuss Wein in die Grillpfanne geben, wie es im Rezept beschrieben ist. Jerk verträgt sich übrigens auch mit Sahne sehr gut, die es etwas milder macht. Und noch eine Variante: Scharf-süß schmeckt herrlich! Der Kontrast zwischen der Füllung und der Deckschicht aus Süßkartoffeln beim »Picadillo Pie«-Rezept bringt einen besonderen Genuss (Seite 153) – und das »Honig-Jerk-Gewürz« (Seite 127) ist überhaupt der Hit. Ich streue getrocknetes Jerk-Gewürz auch auf meine »Käse-Zucchini-Omelettes«, weil das einfach super schmeckt (Seite 141). Aber genug der Schwärmerei: Sie werden feststellen, dass es unzählige Möglichkeiten gibt, dieses charakteristische Gewürz einzusetzen – vorausgesetzt, man mag es!

»Die Walkerswood-Geschichte« In den 1980-er-Jahren besuchte ich jenen kleinen verschlafenen Ort, der etwa 40 Meilen (rund 65 km) von Kingston, der geschäftigen Hauptstadt Jamaikas, und nur 9 Meilen (etwa 15 km) von dem beliebten Touristenort Ocho Rios entfernt ist, zum ersten Mal. Meine Schwester Nancy war ins ländliche Paradies von Walkerswood gezogen, um ihre künstlerischen Ideen mit Hilfe einiger geschickter Dorfbewohner umzusetzen. Sie wohnte im ehemaligen Schulhaus auf dem Bromley-Besitz, das atemberaubend schön gelegen war, im Zentrum des Ortes, umgeben von Hügeln und Weideland.

Im Laufe meiner seitdem sehr häufigen Besuche fiel mir schnell auf, dass sich Walkerswood durch eine zwar kleine, aber außergewöhnliche Dorfgemeinschaft auszeichnete: Der für Arbeit zuständige Ausschuss des Gemeinderats hatte tatsächlich ein Unternehmen gegründet, das sich um das Jerk-Gewürz drehte. Die Firma war nicht nur im Besitz der Arbeiter (was bis zum heutigen Tag der Fall ist), sondern hatte auch zum Ziel, Jobs für all jene zu schaffen, die auf dem Land wohnen bleiben wollten. Der ursprüngliche Name der Firma war »Cottage Industries« (gegründet 1978), später wurde daraus »Walkerswood Caribbean Foods«.

»Cottage«, wie man familiär sagte, hatte ein äußerst delikates Rezept für eine Jerk-Gewürzmischung entwickelt, das auf Nachforschungen in Portland, der Heimat der Maroons, basierte. Zum ersten Mal wurde nun auf Jamaika die Gewürzmischung abgepackt und exportiert. Eine echte Pionierleistung, die der Unterstützung der örtlichen Bauern und einer ganzen Reihe von Initiativen bedurfte.

Wir haben »WCF« eine ganze Menge zu verdanken, was die Verbreitung von Jerk-Gerichten aus Jamaika im Ausland und in Übersee betrifft. Dieses einzigartige Unternehmen stellt klassische karibische Saucen, Gewürze und aromatische Zutaten als Fertigprodukte her und betreibt zahlreiche Projekte in der Landwirtschaft und Gastronomie, um diese positive Entwicklung fortzusetzen. Auch wenn das Unternehmen floriert und die »Cottage-Gemeinschaft« wächst, ist und bleibt das Jerk-Gewürz die Lebensader des Unternehmens.

Für mich persönlich begann mit meinem ersten Besuch in Walkerswood eine faszinierende Reise, die schließlich zur Entstehung dieses Buches geführt hat!

Jerk-Gewürz

Jamaika

Wenn man sich die verschiedenen Zusammensetzungen von Jerk-Gewürzen ansieht, findet man eine ganze Reihe von Zutaten, die gewiss noch nicht existierten, als die Maroons diese Würz-Methode entwickelten. Ich habe sogar schon Sojasauce, Rum, Senf und Ketchup unter den Ingredienzien gefunden – na, scheinbar hat da jeder so sein »Geheimrezept«. Die folgenden Zutaten sollten aber unbedingt enthalten sein: Pimentbeeren, scharfe Chilischoten (Scotch-Bonnet und Birdpepper), Frühlingszwiebel, Ingwer, Zimt, Thymian und schwarzer Pfeffer.

Das folgende Rezept ist einfach und sehr erfolgreich. Die Jerk-Menge ist variabel – man lernt durch ständiges Ausprobieren, wie man es richtig dosiert. Sie können ein mildes Gewürz herstellen oder eines, das wie Feuer brennt und Ihnen »die Tränen in die Augen treibt«. Verwenden Sie aber lieber weniger als mehr, bis Sie den richtigen Dreh raushaben.

Zubereitungszeit: 10 Minuten. Ergibt etwa 180 ml.

6 Frühlingszwiebeln

1 – 3 Scotch-Bonnet- oder andere scharfe Chilischoten

2 TL Pimentbeeren oder 1 TL Piment, gemahlen

1 EL frischer Thymian, gehackt oder 1/2 EL getrockneter Thymian

2 TL gemahlener Zimt

1 TL Muskatnuss, frisch gerieben

1 TL brauner Zucker

1 1/2 TL Salz

1 TL frisch gemahlener schwarzer Pfeffer

60 ml Zuckerrohressig oder destillierter (weißer) Malzessig

1 EL Öl

1. Die traditionelle Methode besteht darin, alle Zutaten im Mörser grob zu zerkleinern und damit das Fleisch zu marinieren. Allzu grobe Teile werden vor dem Braten entfernt. Einfacher geht es, wenn Sie alle Zutaten im Mixer zu einer dicken Paste verarbeiten. Was die Schärfe angeht: Verwenden Sie nur 1 Chilischote, wenn Sie es etwas milder mögen!

Honig-Jerk-Gewürz

Dieses Gewürz schmeckt besonders gut zu Schwein, Lamm oder Hähnchen.

Ergibt etwa 80 ml – das reicht zum Marinieren von knapp 1 kg Fleisch.

60 ml Jerk-Gewürz (siehe oben)

2 TL frische Ingwerwurzel, fein gehackt

2 EL Honig

1. Alle Zutaten in einer kleinen Schüssel miteinander vermischen.

Jerk-Mayonnaise mit Limettensaft und Knoblauch

Ideal für diese Rezeptur wäre es, wenn Sie hausgemachte Mayonnaise verwenden könnten. Aber es ist natürlich um vieles einfacher, ein gutes Fertigprodukt zu verwenden! Schmcekt herrlich auf Sandwiches und Burgern, zu Fisch, Kohlsalat und Ei, Hähnchen oder Thunfischsalat.
Zubereitungszeit: 5 Minuten. Ergibt gut 225 ml.

225 ml Mayonnaise
1 TL Jerk-Gewürz (Seite 127 oder ein Fertigprodukt)
1 Knoblauchzehe, gepresst oder sehr fein gehackt
Saft von 1/2 Limette

1. Alles vermischen und fertig!

Jerk-Knoblauchbutter mit Limettensaft

Köstlich zu Fisch, Steaks, Hähnchen, Reis und Gemüse oder als schmackhafter Aufstrich für Ihr Lieblingsbrot. Wenn Sie stets ein Schälchen voll im Kühlschrank bereit halten, ist rasch ein Leckerbissen gezaubert!
Zubereitungszeit: 10 Minuten & 30 Minuten zum Kühlen. Ergibt circa 60 ml.

50 g weiche Butter
1 Knoblauchzehe, gepresst
1/2 TL Jerk-Gewürz (Seite 127 oder ein Fertigprodukt)
1 EL Limettensaft
1/2 EL frischer Koriander oder frische Petersilie, fein gehackt
1 TL geriebene Zitronenschale

1. Alle Zutaten in eine Schüssel geben und mit dem Handrührgerät oder einem Schneebesen vermischen. Vor dem Servieren kalt stellen.

Jerk-Barbecue-Sauce

Diese Sauce ist nicht übermäßig scharf, lässt aber dennoch das wunderbare Aroma des Jerk-Gewürzes durchschimmern. Sie ist sehr familienfreundlich!

Zubereitungszeit: 10 Minuten. Ergibt reichlich 300 ml – das reicht zum Marinieren von knapp 2,5 kg Fleisch.

300 ml Tomatenketchup
2 EL Honig
2 TL Melasse oder Tamarindenpaste (optional)
2 EL Pickapeppa- oder Worcestershire-Sauce
1 TL scharfer Senf
Saft von 1 Limette
1 EL Jerk-Gewürz (Seite 127 oder ein Fertigprodukt)
1 TL Salz

1. Einfach alle Zutaten miteinander vermischen.

Jerk-Senf

Eine delikate Sauce für Burger oder Steaks.

Zubereitungszeit: 5 Minuten. Ergibt 6 Portionen.

3 EL Dijon-Senf
1 TL Limettensaft
1 1/2 TL Jerk-Gewürz (Seite 127 oder ein Fertigprodukt)

1. Den Senf in eine kleine Schüssel geben, den Limettensaft und das Jerk-Gewürz hinzufügen und vermischen. Unmittelbar vor dem Servieren auf den heißen Burger oder das heiße Steak geben.

Gegrilltes Jerk-Hähnchen

Jerk-Hähnchen ist ein pikant-scharfes traditionell jamaikanisches Gericht. Die verwendete Gewürzmenge kann natürlich stets nach dem individuellen Geschmack verändert werden. Dieses Rezept entspricht jedoch der typischen pikanten Version.
Zubereitungszeit: 1 Stunde oder über Nacht zum Marinieren & 40 Minuten zum Garen. Ergibt 4 – 6 Portionen.

1 frische Limette (oder Zitrone)
1,5 kg Hähnchenteile (mit Haut)
2 EL Jerk-Gewürz (Seite 127 oder Fertigprodukt)
Speiseöl, zum Bepinseln

1. Den Limetten- oder Zitronensaft in eine mit Wasser gefüllte Schüssel geben und die Hähnchenteile darin waschen. Trockentupfen. Die Teile rundherum mit Jerk-Gewürz einreiben und dann mindestens 1 Stunde lang, aber am besten über Nacht. marinieren lassen.
2. Das Grillfeuer entfachen. Die Hähnchenteile und den Grillrost mit Öl bepinseln. Wenn die Kohle mit einer weißen Ascheschicht überzogen ist, die Hähnchenteile bei mittlerer Hitze etwa 20 Minuten grillen. Dann den Grill abdecken und nochmals 20 Minuten oder so lange rösten, bis das Fleisch gar ist.

»Jerk-Pork« (Schweinefleisch-Jerk)

Da Wildschweine vermutlich das erste Fleisch für Jerk lieferten, gilt dieses noch immer als das traditionellste aller Jerk-Gerichte. Wenn man ein großes Stück Schweinefleisch nach der Jerk-Methode perfekt zubereiten möchte, muss dies über einem Grillfeuer geschehen. Denn es ist grundlegend, dass das Fleisch saftig bleibt, während es langsam durch und durch geröstet und von allen Aromen durchsetzt wird. Hier spielt auch das rauchende Pimentholz eine wichtige Rolle, und es gibt eigentlich keinen echten Ersatz dafür. Wenn Sie »Jerk-Pork« am heimischen Herd zubereiten, sollten Sie Lende oder Koteletts verwenden und mit dem Fett garen. Das Fleisch mit der gewünschten Menge Jerk-Gewürz einreiben und vor dem Grillen oder Braten am besten über Nacht oder wenigstens ein paar Stunden marinieren lassen. Mit Honig-Jerk-Gewürz (Seite 127) mariniert, schmeckt das Schweinefleisch übrigens ganz besonders delikat.

Tipps: Wenn Sie wieder einmal einen Truthahn braten, sollten Sie ihn innen und außen mit Jerk-Gewürz einreiben und über Nacht marinieren lassen – dann wie gewohnt zubereiten.

Guaven-Glace (Seite 190) sollten all jene probieren, die beides mögen – scharf und süß!

Jerk-Lamm mit Guavensauce

Bei diesem Gericht bleibt die Schärfe des Jerk-Gewürzes außen am Braten, und die meisten Gaumen werden es zwar als pikant, aber nicht als zu scharf empfinden. Wenn Sie ihm die angegebene Zeit zum Marinieren gönnen, werden Sie die besten Ergebnisse erzielen.

Zubereitungszeit: 15 Minuten & über Nacht zum Marinieren & etwa 1 Stunde zum Garen. Ergibt 8 – 10 Portionen.

2,5 kg ausgelöste Lammkeule oder Lammkoteletts

3 EL (bei Koteletts weniger) Jerk-Gewürz (Seite 127 oder ein Fertigprodukt)

etwa 2 TL Salz

2 Knoblauchzehen, zerdrückt

Guaven-Dip-Sauce (Seite 190), erwärmt, zum Servieren

1. Das Lamm mit dem Jerk-Gewürz und Salz nach Belieben gründlich einreiben. Zudecken und im Kühlschrank über Nacht marinieren lassen.
2. Den Backofen auf 180 °C / Gas Stufe 4 vorheizen. Die Lammkeule innen mit dem zerdrückten Knoblauch einreiben, dann zusammenrollen und an drei Stellen zusammenbinden. Etwa 45 Minuten braten (»medium-rare«) oder noch weitere 15 Minuten, wenn es ganz durch sein soll. Wenn Sie Koteletts verwenden, den zerdrückten Knoblauch darauf verteilen und 8 – 10 Minuten auf beiden Seiten grillen.
3. Das Lamm 10 Minuten ruhen lassen, bevor Sie es in Scheiben schneiden. Mit der warmen Sauce servieren.

Tipp: Natürlich können Sie Jerk-Lamm auch in einer anderen Form braten oder grillen, wobei Sie nur die Gewürzmenge und Garzeiten entsprechend anpassen müssen (z. B. Seite 57, Jerk-Lammspieße).

Jerk-Fisch mit Limetten-Knoblauchbutter

Dieses Gericht könnte kaum einfacher sein. Fisch oder Meeresfrüchte müssen nicht so lange in der Jerk-Marinade liegen wie Fleisch, aber Sie sollten ihnen dennoch etwas Zeit lassen. Man kann praktisch jede Fischart mit Jerk-Gewürz zubereiten, allerdings sollten solche mit sehr zartem Fleisch mit Vorsicht behandelt werden. Als Beilage zu diesem Gericht eignen sich ein sahniges Kassaven-, Yams- oder Kartoffelpüree ebenso wie grünes Blattgemüse ganz wunderbar.

Vorbereitungs- und Kochzeit: bis zu 2 Stunden zum Marinieren & 10 Minuten. Ergibt 4 Portionen.

4 Fischsteaks (geeignet ist jeder Fisch mit festem Fleisch)
Saft von 1 Limette
1 – 2 TL Jerk-Gewürz (Seite 127 oder Fertigprodukt)
Butter oder Öl zum Einfetten
Zum Servieren:
1 Limette, geviertelt
Jerk-Knoblauchbutter mit Limettensaft (Seite 128)

1. Den Fisch mit dem Limettensaft waschen und dann mit dem Jerk-Gewürz einreiben. In Folie wickeln und mindestens 30 Minuten, aber höchstens 2 Stunden, im Kühlschrank marinieren. Das Grillfeuer entfachen oder den Elektrogrill vorheizen.
2. Nun den Fisch auf den mit Öl bepinselten Grill legen, ebenfalls mit Öl bepinseln und auf beiden Seiten grillen, bis er gerade gar ist. Das dauert je nach Dicke der Steaks für jede Seite etwa 3 – 5 Minuten.
3. Mit den Limettenspalten garnieren und mit der Limetten-Knoblauchbutter servieren.

Tipp: Eine schöne Alternative zu gegrilltem Fisch ist es, wenn Sie den Fisch in gefettete Alufolie wickeln und bei 180 °C / Gas Stufe 4 etwa 15 Minuten im Ofen backen. Der Fisch bleibt schön saftig und schmeckt herrlich.

Gemischte Jerk-Grillspieße

Alle hier aufgeführten Zutaten können leicht auf Spieße gesteckt werden. Wenn Sie sie mit Jerk-Barbecue-Sauce (Seite 129) oder Honig-Jerk-Gewürz (Seite 127) marinieren, entsteht fast wie von selbst eine wahre Köstlichkeit!
Zubereitungs- und Kochzeit: 1 Stunde zum Marinieren & 25 Minuten. Ergibt 4 Portionen.

Honig-Jerk-Fleisch:

450 g entbeintes Hähnchen oder ausgelöstes zartes Lamm, Schweine- oder Rindfleisch, in etwa 5 cm große Würfel geschnitten
1/2 TL Salz
60 ml Honig-Jerk-Gewürz (Seite 127)

Fisch- und Meeresfrüchte mit Ingwer:

450 g frischer Schnapper, Mahimahi (Große Goldmakrele), Königsmakrele oder andere feste Fischsteaks, in etwa 5 cm große Würfel geschnitten (auch Garnelen oder Kammmuscheln sind geeignet)
125 ml Jerk-Barbecue-Sauce (Seite 129)
2 TL frischer Ingwer, fein gerieben

1. Das gewürfelte Hähnchen- oder andere Fleisch mit Salz einreiben und zusammen mit der Honig-Jerk-Sauce in eine Schüssel geben. Gut vermengen und mindestens 1 Stunde lang marinieren lassen, bevor Sie die Würfel auf Spieße stecken.
2. Den Fisch oder die Meeresfrüchte salzen. Dann die Jerk-Barbecue-Sauce und den Ingwer in einer Schüssel vermischen. Den Fisch hinzufügen und etwa 20 Minuten marinieren lassen. Ebenfalls auf Spieße stecken.
3. Das Grillfeuer entfachen und so heiß werden lassen, dass die Kohlen mit einer weißen Ascheschicht bedeckt sind. Dann mit den Schweinefleischspießen (falls vorbereitet) beginnen, da diese am längsten brauchen. Auf jeder Seite 5 – 7 Minuten bei mittlerer Hitze grillen. Hähnchen- und Rindfleischspieße benötigen 4 – 5 Minuten pro Seite und Fisch- und Muschelspieße schließlich nur 3 – 5 Minuten. Alle Spieße immer wieder wenden und begießen, bis sie gar sind.

Tipp: Denken Sie daran, den Grillrost mit Öl zu bepinseln, damit das Grillgut nicht anklebt. Und die Holzspieße müssen vorher etwa 1 Stunde lang in Wasser gelegt werden, damit sie nicht verbrennen!

Exquisiter Jerk-Burger

Dieses Burger-Rezept ist etwas ganz Besonderes!

Zubereitungszeit: 30 Minuten zum Kaltstellen & 15 Minuten zum Garen & 10 Minuten. Ergibt 6 Portionen.

2 EL Butter oder so viel, wie man zum Braten benötigt
1 Zwiebel, fein gehackt
3 Knoblauchzehen, gehackt
gut 100 g Pilze (z. B. Champignons), in 1 cm große Stücke geschnitten
1/2 EL dunkler Rum oder Wein
900 g Rinderlende, durchgedreht oder das beste Rinderhack, das Sie bekommen können
1 EL Jerk-Gewürz (Seite 127 oder ein Fertigprodukt), nach Belieben auch weniger
2 EL frische Petersilie, gehackt
1 TL Salz
1/2 TL frisch gemahlener Pfeffer
Zum Servieren:
ein paar Rucolablätter pro Person
6 EL Jerk-Senf (Seite 129)
6 Brötchen oder Burgersemmeln (nehmen Sie einfach Ihre Lieblingssorte)
3 Scheiben einer roten Zwiebel, in Ringe geschnitten

1. Die Butter in einer Kasserolle langsam zerlassen. Die Zwiebel, den Knoblauch und die Pilze zugeben und etwa 3 Minuten lang anbraten (nicht anbrennen lassen). Mit dem Rum oder Wein ablöschen und weitere 2 Minuten weiterdünsten.
2. Die Pilzmischung in eine große Schüssel geben und dann das Rinderhack, Jerk-Gewürz und die Petersilie daruntermischen. Salzen und pfeffern. 6 ziemlich (etwa 3 cm) dicke Burger formen, auf ein Backblech legen, mit Küchenfolie zudecken und mindestens 30 Minuten im Kühlschrank aufbewahren. (Das kann auch schon am Vortag gemacht werden.)
3. Die Burger auf jeder Seite etwa 5 Minuten lang grillen oder in der Pfanne braten (»medium rare«).
4. Die Brötchen auseinander schneiden und etwa 2 Minuten rösten. Die untere Hälfte jeweils mit ein paar Rucolablättern belegen, den Burger darauf setzen und mit 1 EL Jerk-Senf und ein paar Zwiebelringen krönen.

Tipp: Als Alternative können Sie 6 Ananasscheiben mit zerlassener Butter bepinseln und auf jeder Seite 3 – 6 Minuten grillen. Die Ananas auf die Rucolablätter legen und den Burger darauf setzen. Anstelle des Senfs für jeden Burger gut 1 EL Jerk-Mayonnaise mit Limettensaft und Knoblauch (Seite 128) verwenden.

Normas »Kingston-Jerk-Chicken«

Norma Shirley ist die Chefköchin und Besitzerin des »Norma's On The Terrace« im wunderschönen Devon House in Kingston, einem der Wahrzeichen der jamaikanischen Hauptstadt. Sie genießt auch international ungeheures Ansehen und erhielt zahllose Preise und Ehrungen für ihre fabelhafte Küche. So wurde das *Norma's 2002* als »eines der 60 besten neuen Restaurants der Welt« (*Condé Nast Traveler*) ausgezeichnet und bekam einen Kulinaria-Preis vom jamaikanischen Premierminister.
Vorbereitungs- und Kochzeit: Marinieren über Nacht & 40 Minuten. Ergibt 6 Portionen.

3 EL Jerk-Gewürz (Seite 127 oder ein Fertigprodukt)
6 Hühnerkeulen oder 12 Schenkel, mit Knochen
4 EL frischer Schnittlauch oder frische Petersilie, gehackt, zum Garnieren
Für die Vinaigrette:
225 ml Pflanzenöl oder extra natives Olivenöl (Extra Vergine)
90 ml Rohrzuckeressig oder destillierter (weißer) Malzessig
1 TL Dijon-Senf
1 EL Zitronen- oder Limettensaft
Salz und Pfeffer
Für die karamellisierten Früchte:
1 EL Butter
1 EL Zucker
6 Scheiben Sternfrucht (Karambole)

1. Alle Zutaten für die Vinaigrette in ein Glas mit Schraubverschluss geben und schütteln, bis die Mischung glatt ist. Mit Salz und Pfeffer abschmecken.
2. Das Jerk-Gewürz mit der Vinaigrette in einer Schüssel vermischen. Die Hähnchenteile zum Marinieren hineinlegen und ein paar Mal wenden. Zudecken und im Kühlschrank etwa 6 Stunden oder vorzugsweise über Nacht marinieren lassen.
3. Zur Zubereitung der Früchte die Butter in einer Pfanne zerlassen, den Zucker dazugeben und schmelzen. Die Fruchtscheiben hinzufügen und bei geringer Wärmezufuhr etwa 5 Minuten oder etwas länger weich werden und karamellisieren lassen.
4. Den Grill einschalten. Die Hähnchenteile aus der Marinade nehmen (die Marinade zurückbehalten) und auf ein Backblech oder in eine Grillpfanne legen. Die Hähnchenteile grillen, mit der Marinade begießen und häufig wenden, damit sie nicht verbrennen. Das Fleisch grillen, bis es gut durch ist und der Saft herausläuft, wenn man es mit einem Spieß an der dicksten Stelle einsticht (etwa 40 Minuten).
5. Die Hähnchenteile warm stellen. Die restliche Marinade und das Bratenfett des Hähnchens in eine Kasserolle geben und auf 125 ml reduzieren.
6. Die Sauce gleichmäßig auf einer Servierplatte verteilen. Die Hähnchenteile auf der Sauce anrichten, mit den karamellisierten Fruchtscheibchen garnieren und mit etwas Schnittlauch oder Petersilie bestreuen.

Jerk-Hähnchen-Pasta

Dieses Rezept ist zwar meilenweit von der traditionellen Verwendung von Jerk-Gewürz entfernt, geht aber schnell, ist leicht und schmeckt einfach großartig. Wenn Sie zu einem pikanten Gericht wie diesem Wein trinken möchten, empfehle ich eine nicht zu trockene Sorte, die zu den kräftigen Aromen passt.
Zubereitungszeit: 1 Stunde zum Marinieren & 15 Minuten zum Kochen. Ergibt 4 Portionen.

6 Hähnchenschenkel, entbeint und ohne Haut
1 EL Jerk-Gewürz (Seite 127 oder Fertigprodukt)
500 g Pasta (Penne oder Rigatoni)
3 EL Olivenöl
1 Zwiebel, gehackt
2 – 3 Knoblauchzehen, gehackt
60 ml Rotwein
4 Eiertomaten, ohne Haut, entkernt und gehackt
250 ml Tomatensauce
125 ml Wasser oder Hühnerbrühe
Salz und Pfeffer
1 EL frisches Basilikum oder frische Petersilie, gehackt
frisch geriebener Parmesan oder zerkrümelter Feta, zum Servieren (nach Belieben)

1. Das Hähnchenfleisch in Streifen schneiden. Mit dem Jerk-Gewürz gründlich einreiben, zudecken und mindestens 1 Stunde marinieren lassen.
2. Einen großen Topf mit Wasser zum Kochen bringen. 2 TL Salz hineingeben und die Pasta »al dente« kochen (je nach Sorte maximal 11 Minuten). Dabei gelegentlich umrühren. Dann die Nudeln sofort in einem großen Sieb abgießen.
3. Nachdem Sie das Nudelwasser aufgesetzt haben, 2 EL Öl in einer großen Pfanne erhitzen. Die Hähnchenstreifen anbräunen. Die Zwiebel und den Knoblauch zufügen und 2 – 3 Minuten braten. (Den Knoblauch nicht anbrennen lassen.)
4. Mit dem Rotwein ablöschen und die Reste vom Anbraten vom Pfannenboden lösen. Etwa 1 Minute köcheln und die Tomaten, Tomatensauce und die Brühe zugeben. Salzen und pfeffern. Etwa 10 Minuten köcheln lassen. Kosten und gegebenenfalls nachwürzen (etwas Wasser zugießen, falls notwendig).
5. In einer großen Schüssel die heiße abgegossene Pasta und das Hähnchen in Tomatensauce miteinander vermischen, Basilikum oder Petersilie und den restlichen 1 EL Öl zugeben. Nach Belieben mit dem Käse bestreuen.

Jerk-Käse-Zucchini-Omelette

Dieses Omelette gehört zu den Dingen, die ich sonntags am liebsten zum Frühstück esse. Wer weiß, vielleicht servieren auch Sie diese Köstlichkeit bald regelmäßig?

Zubereitungs- und Kochzeit: 15 Minuten. Ergibt 2 Portionen.

4 Eier

1/2 TL Jerk-Gewürz (Seite 127 oder ein Fertigprodukt)

Butter, zum Braten

1/2 kleine Zucchini, in feine Scheiben geschnitten

150 g Mozzarella, in Scheiben geschnitten

Salz und Pfeffer

1. Die Eier verquirlen und mit dem Jerk-Gewürz vermischen.
2. Etwas Butter in einer kleinen Omelettepfanne zerlassen. Wenn sie zu sprudeln beginnt, die Zucchini hineingeben und ein paar Minuten lang weich dünsten. Salzen und pfeffern. Aus der Pfanne nehmen und beiseite stellen.
3. Noch etwas Butter in die Pfanne geben, erhitzen und dann die Eimischung hineingeben. Durch Neigen der Pfanne die Mischung gleichmäßig verteilen. Die Wärmezufuhr gering halten.
4. Mit einem Spatel die Eier lösen, sobald sie anhaften, sodass wieder etwas von der rohen Eimasse auf den Pfannenboden dringt. Machen Sie das ein- oder zweimal. Legen Sie dann die Hälfte der Zucchini und des Käses in die Mitte auf das Ei.
5. Wenn das Ei fast fest geworden ist, beide Seiten in die Mitte klappen und den Käse bedecken. Das Omelette einmal wenden und ein paar Sekunden lang braten. Der Käse soll zwar schmelzen, aber die Eier dürfen nicht zu trocken werden. Das Omelette auf einen Teller gleiten lassen und mit Toast servieren.

Tipp: Mit einem Gurkenhobel können Sie die Zucchini in sehr feine Scheiben schneiden. Oder verwenden Sie alternativ Callaloo oder Spinat als Füllung für Ihr leckeres Omelette.

Red Stripe
LAGER BEER
LITTLE JOHN CA
ed Stripe

Fleisch

KRÄFTIGE SCHMORTÖPFE, ÜBERBACKENES & WÜRZIGE BRATEN

Es ist schwierig, die Karibischen Inseln zu generalisieren. Obwohl ich viele Ähnlichkeiten zwischen den einzelnen Inseln gefunden habe, gibt es doch Gerichte und Zubereitungsarten, die sehr stark variieren. Zum Beispiel wird man auf Jamaika nur schwerlich jemanden dazu überreden können, Blutwurst zu essen, während sie auf Trinidad eine beliebte Delikatesse darstellt. Fleischgerichte jeder Art sind also keine Ausnahme.

Das Halten von Hühnern, Ziegen oder Schweinen ist auf den meisten Inseln relativ unproblematisch, während das Züchten von Rindern Weiden erfordert und einen größeren farmtechnischen Aufwand mit sich bringt. Und das ist nur auf einigen der größeren Inseln machbar. Auf Trinidad liefert zwar eine spezielle Züchtung des Wasserbüffels, der so genannten »Buffalypso«, Fleisch, dennoch muss aber sehr viel importiert werden, um die Nachfrage zu befriedigen. Ein guter Ersatz ist Ziegenfleisch, das man vor allem als Stew oder Schmortopf zubereitet. Das jamaikanische »Ziegenfleisch-Curry« (»Curried-Goat«, Seite 152) ist beinahe schon legendär. Lamm wird dagegen nur in geringem Umfang angeboten und ist relativ teuer. Schwein ist insbesondere auf Kuba und Puerto Rico beliebt, während es auf anderen Inseln aus religiösen Gründen verschmäht wird. Da die Insulaner, die einige unserer besten Gerichte kreiert haben, arm waren, haben sie fast alles verwertet, was von der Tafel der reichen Plantagenbesitzer abfiel und aus diesen Resten wahre Köstlichkeiten gezaubert: »Keshi Yena« aus Curaçao (Seite145), »Souse« (sauer eingelegte Schweinefüße) und »Cow Foot« mit Bohnen oder als Sülze. Leber und grüne Bananen sind ein verbreitetes Frühstück, aber die Beliebtheit der meisten anderen Innereien hält sich in Grenzen. Ich will auch Ochsenschwanz nicht unerwähnt lassen, der mit sauer eingelegter Zunge lange zu den bevorzugten Gerichten in den Herrenhäusern zählte. Schweineschwanz und gepökeltes Rindfleisch sind die Grundlage für traditionelle Suppen und Schmorgerichte, aber weil es schneller geht und bequemer ist, verwenden auch wir immer mehr Gewürzpulver und Brühwürfel – in Wirklichkeit kein adäquater Ersatz!

»Keshi Yena«

Curaçao

»Keshi Yena« ist ein traditionelles Rezept aus Curaçao. Wörtlich übersetzt bedeutet der Name nichts anderes als »Gefüllter Käse«. Der Überlieferung zufolge entstand dieses Gericht auf einer niederländischen Plantage. Dort ersann es ein Koch, um die Rinde von Edamer Käse zu verwerten, die nach den Mahlzeiten des Plantagenbesitzers regelmäßig wieder in der Küche landete. Servieren Sie dazu Bohnen, Reis und Salat.
Zubereitungszeit: 20 Minuten & 25 Minuten zum Kochen und Backen. Ergibt 6 Portionen.

2 EL Öl
1 Zwiebel, fein gehackt
2 Knoblauchzehen, fein gehackt
450 g Rinderhack
2 EL Mixed Pickles
2 EL Perlzwiebeln, grob gehackt
2 EL Sultaninen
2 EL mit Pimentbeeren gefüllte Oliven, grob gehackt
2 EL Essiggurken, grob gehackt
2 EL Tomatenmark
60 ml Wasser
1 EL weiche Butter (zum Einfetten der Formen)
450 g Edamer Käse, in dünnen Scheiben

1. Das Öl in einer großen Pfanne heiß werden lassen, die Zwiebel und den Knoblauch zugeben und etwa 5 Minuten bei mäßiger Wärmezufuhr braten. Das Hackfleisch einrühren und weitere 5 Minuten oder so lange braten, bis es rundherum angebräunt ist. Überschüssiges Öl abgießen.
2. Die Pickles, die Perlzwiebeln, Sultaninen, gefüllten Oliven, Essiggurken und das Tomatenmark einrühren. Das Wasser zugießen und alles zum Kochen bringen. Die Wärmezufuhr reduzieren und etwa 10 Minuten köcheln lassen.
3. Den Backofen auf der höchsten Temperatur (Gas auf der höchsten Stufe) vorheizen. Sechs kleine feuerfeste Formen mit der Butter einfetten und dann mit Käsescheiben so auslegen, dass einige am oberen Rand überstehen, um die Füllung damit abzudecken.
4. Jede Form mit der Hackfleischmischung füllen und die überstehenden Käsescheiben darüber legen. Etwas kochendes Wasser in eine rechteckige feuerfeste Auflaufform gießen und die Formen hineinstellen, sodass sie bis zur halben Höhe der Seitenwände im Wasser stehen. 5 – 10 Minuten oder so lange ins Rohr stellen, bis der Käse schmilzt.
5. Um die gebackenen Keshi Yena aus ihren Formen zu lösen, müssen Sie diese drehen, sodass sich der Käse von den Seiten löst. Dazu legen Sie am besten ein sauberes Tuch über die Oberseite, drücken leicht mit der Handfläche darauf und drehen. Dann auf einen Teller stürzen und servieren.

Mit süßer Gemüsebanane gefüllter Schweinebraten & »Ajili-mojili«-Sauce

Puerto Rico

Die Kombination aus süßer Gemüsebanane mit dem saftigen Schweinefleisch und der pikanten »Ajili-mojili«-(Knoblauch-Chili-) Sauce machen dieses Gericht aus Puerto Rico so außergewöhnlich und kontrastreich im Geschmack. Etwas für wirkliche Knoblauchfans! »Ajili-mojili« wird traditionell mit Brot serviert.

Zubereitungszeit: über Nacht zum Marinieren & 20 Minuten & 1 1/2 Stunden zum Braten.

Ergibt 4 – 6 Portionen.

1 1/2 EL Adobo-Pulver (Seite 234 oder ein Fertigprodukt)

1 kg Schweinsschulter ohne Knochen (wird als Rollbraten verwendet)

1 reife Gemüsebanane

Für die »Ajili-mojili«-Sauce:

2 Scotch-Bonnet- oder andere scharfe Chilischoten

6 ganze Pfefferkörner

6 Knoblauchzehen

2 TL Salz

60 ml Limettensaft

2 EL Zuckerrohressig oder destillierter (weißer) Malzessig

125 ml Olivenöl

1. Am Vortag das Schweinefleisch rundherum mit Adobo-Pulver einreiben. Zudecken und über Nacht im Kühlschrank marinieren lassen.
2. Den Backofen auf 180 °C / Gas Stufe 4 vorheizen. Die Gemüsebanane in die Mitte der Schweinefleischrolle legen und den Braten fest einrollen und binden. Sollte das Fleischstück an einem Ende kompakt sein, schneiden Sie ein Loch in die Mitte, sodass Sie die Banane hineinschieben können. Leicht mit Alufolie zudecken und 1 Stunde im Rohr braten.
3. Die Folie entfernen und weitere 30 – 40 Minuten lang braten und bräunen lassen, je nachdem, wie gut durch der Braten sein soll. Aber bitte nicht zu lange braten, da das Fleisch sonst trocken wird. (Das Bratenthermometer sollte 170 °C anzeigen, wenn das Fleisch gar ist.)
4. Während Sie den Braten im Rohr haben, bereiten Sie die Sauce zu. Die Chilis und Pfefferkörner, den Knoblauch und das Salz im Mixer pürieren. Den Limettensaft, Essig und das Öl zugießen und erneut vermischen.
5. Den Braten aus dem Rohr nehmen und etwa 10 Minuten ruhen lassen, bevor Sie ihn in Scheiben schneiden. Die »Ajili-Mojili«-Sauce separat dazu reichen. Guten Appetit!

Ochsenschwanz in Rioja

Kuba

Wir probierten dieses Gericht in einem beliebten Restaurant auf Kuba und waren von dem köstlichen Geschmack völlig überwältigt. Servieren Sie dazu die »Flans aus süßen Gemüsebananen & Ingwer« (Seite179) oder »Pürierte Maniok mit geröstetem Knoblauch« (Seite 180). Die Zubereitung nimmt zwar etwas Zeit in Anspruch, aber das Ergebnis lässt die Mühen vergessen – dieses Gericht ist ein wahrer Festschmaus! Auf Jamaika machen wir es uns gewöhnlich etwas einfacher und schmoren den Ochsenschwanz einfach nur mit dicken Bohnen – eine Alltagsvariante.

Zubereitungszeit: über Nacht zum Marinieren & 25 Minuten & 2 Stunden zum Kochen. Ergibt 6 Portionen.

2 Ochsenschwänze, in mundgerechte Stücke geschnitten, das überschüssige Fett entfernt
1 – 2 EL Olivenöl
2 Knoblauchzehen, in Scheibchen geschnitten
1 Kartoffel, gewürfelt
2 Zwiebeln, in Scheiben geschnitten
3 Karotten, in Scheiben geschnitten
2 Selleriestangen, gehackt
300 ml Rinderbrühe
300 ml Wasser
750 ml roter Riojawein
1 Scotch-Bonnet- oder eine andere scharfe Chilischote
2 Lorbeerblätter
1 TL Piment, gemahlen
6 ganze Gewürznelken
1 EL frische Petersilie, fein gehackt & 1 EL zum Garnieren
1/2 EL Muskatnuss, frisch gerieben
1 EL Tomatenmark
Saft von 1 Orange
1 TL Orangenschale, gerieben

Für die Würze:

2 Knoblauchzehen, gehackt
1 große Zwiebel, gehackt
1 TL frische Thymianblätter
Salz & Pfeffer

1. Den Ochsenschwanz kurz mit kochendem Wasser blanchieren, anschließend mit Küchenkrepp trockentupfen. Die Zutaten für die Würze vermischen, auf dem Fleisch verteilen und dieses zugedeckt über Nacht im Kühlschrank marinieren lassen.
2. Das Öl in einer feuerfesten Kasserolle heiß werden lassen, den Ochsenschwanz portionsweise 5 – 7 Minuten oder so lange anbraten, bis die Stücke leicht angebräunt sind. Die Stücke anschließend herausnehmen und beiseite stellen.
3. Nun den Knoblauch, die Kartoffel, Zwiebeln, Karotten und den Sellerie in die Kasserolle geben und 5 Minuten anbraten. Dann die Brühe, das Wasser und 600 ml Wein zugießen. Das Fleisch, die Chili, Lorbeerblätter, den Piment, die Nelken, Petersilie, Muskatnuss, das Tomatenmark, den Orangensaft und die Orangenschale hinzufügen. Salzen und pfeffern.
4. Zum Kochen bringen, dann die Wärmezufuhr reduzieren und den Ochsenschwanz bei niedriger Temperatur 1 1/2 – 2 Stunden oder so lange köcheln lassen, bis das Fleisch weich und zart ist. (Bevor Sie umrühren, die scharfe Chilischote entfernen!)
5. Das Fleisch anrichten, beiseite stellen und warm halten, während Sie die Sauce zubereiten. Dazu die Kochflüssigkeit mit dem Gemüse durch ein Sieb in einen anderen Topf streichen. Den übrigen Wein erst in die Kasserolle gießen (um Reste zu lösen), dann zur Sauce in den Topf und kurz aufkochen. Sauce über das Fleisch geben, mit Petersilie bestreuen, servieren.

Rinder-Stew mit Pimento & Rum

Dieses Rezept ist ziemlich traditionell – sowohl was die Technik als auch was den Geschmack betrifft. Nach Belieben können Sie auch ein paar Karotten zufügen.

Zubereitungszeit: 1 Stunde zum Marinieren & 15 Minuten & 2 Stunden zum Kochen. Ergibt 6 Portionen.

1,3 kg Rindfleisch zum Schmoren, gewürfelt
1 1/2 EL Piment, gemahlen
1 TL Salz
frisch gemahlener schwarzer Pfeffer
2 Knoblauchzehen, gehackt
2 große Zwiebeln, in Scheiben geschnitten
2 EL Pickapeppa- oder Worcestershire-Sauce
2 EL Mehl
2 – 3 EL Speiseöl, zum Anbräunen
600 ml Rinderbrühe
150 ml dunkler Rum
1 Lorbeerblatt
2 ganze Knoblauchzehen
1 EL Tomatenmark
2 TL brauner Zucker
3 Kartoffeln, geschält und gewürfelt
1 EL frische Petersilie oder Schnittlauch, gehackt, zum Garnieren

1. Das Fleisch mit dem Piment, Salz, Pfeffer, Knoblauch, den Zwiebeln und der Pickapeppa- bzw. Worcestershire-Sauce würzen. Mindestens 1 Stunde lang marinieren lassen. Den Backofen auf 180 °C / Gas Stufe 4 vorheizen.
2. Die Würze vom Fleisch abstreifen und zurückbehalten. Das Fleisch mit dem Mehl bestäuben und Überschüsse abschütteln.
3. Etwas Öl in einem großen, für den Backofen geeigneten Topf (mit Deckel) auf dem Herd heiß werden lassen. Das Fleisch portionsweise jeweils etwa 10 Minuten anbraten. Dann das Fleisch in das Gefäß mit der zurückbehaltenen Würze geben. Die Hälfte des Rums in die Pfanne gießen, die Reste vom Anbraten vom Pfannenboden abschaben. Die Brühe einrühren und Lorbeerblatt, Knoblauch, Nelken, Tomatenmark und Zucker zugeben. Ins Rohr schieben und 1 Stunde schmoren.
4. Nach einer Weile die Kartoffeln zum Stew dazugeben (und falls gewünscht die Karotten). Zudecken und weiterschmoren, bis das Fleisch weich ist. Das kann 30 Minuten bis zu 1 Stunde dauern. Aus dem Rohr nehmen und auf den Herd stellen.
5. Bei geringer Wärmezufuhr den restlichen Rum einrühren und etwa 2 Minuten köcheln lassen. Abschmecken und garnieren.

Tipp: Ich habe auch schon Rinderlende verwendet und das Gericht in der Hälfte der Zeit auf dem Herd zubereitet. Sie sollten dabei aber 150 ml weniger Brühe verwenden. Schneiden Sie auch die Kartoffeln kleiner, damit sie schneller verkochen, um die Sauce dicker zu machen; sonst müssten Sie Mehl verwenden – und das macht die Sache etwas fader.

»Colombo de Cabri« (Ziegenfleisch-Curry)

Guadeloupe

»Colombo« ist eine spezielle indische Gewürzmischung, die auf den französischen Antillen für die Zubereitung von Curry-Gerichten verwendet wird. Sie gelangte im 19. Jahrhundert aus Sri Lanka dorthin. Die Gewürze für das Colombo-Pulver variieren, grundsätzlich handelt es sich jedoch um eine Art Garam Masala. Alternativ können Sie das Gericht auch mit Ihrem Lieblings-Currypulver zubereiten. Auf Jamaika wird »Curried Goat« übrignes ebenfalls gern gegessen. Das Rezept ist ganz ähnlich; man lässt lediglich die Auberginen und die Nelken weg.

Zubereitungszeit: über Nacht zum Marinieren & 20 Minuten & 2 1/4 Stunden zum Kochen. Ergibt 6 – 8 Portionen.

1,5 kg mageres Ziegenfleisch ohne Knochen, gewaschen, getrocknet und gewürfelt
1 Bund frischer Schnittlauch, gehackt
5 Knoblauchzehen, 4 zerdrückt, 1 zurückbehalten
1 kleiner Bund frischer Thymian, die Blätter gehackt
1 Scotch-Bonnet- oder andere scharfe Chilischote, entkernt und gehackt
3 EL Colombo, Garam Masala oder (vorzugsweise Karibisches) Currypulver
4 EL Pflanzenöl
4 ganze Nelken
4 Auberginen, in Stücke geschnitten
1 l Wasser
Salz & Pfeffer
Saft von 1 Limette, zum Servieren

1. Das Ziegenfleisch mit der Hälfte des Schnittlauchs, des zerdrückten Knoblauchs und des Thymians, der Chilischote und der Hälfte des Colombo, Garam Masala oder Currypulvers würzen. Mehrere Stunden oder über Nacht marinieren lassen.
2. Das Öl in einer großen feuerfesten Kasserolle oder in einem großen Eisentopf heiß werden lassen und das Fleisch portionsweise auf allen Seiten anbräunen. Die andere Hälfte des zerdrückten Knoblauchs dazugeben und ein paar Minuten anbraten, dann den restlichen Schnittlauch und Thymian sowie die Nelken hinzufügen.
3. Die Auberginen und das restliche Currypulver dazugeben und alle Zutaten im Topf gut vermischen. Das Wasser darüber gießen und den Topfinhalt zum Kochen bringen. Die Wärmezufuhr verringern, salzen und pfeffern, zudecken und auf kleiner Flamme 1 1/2 – 2 Stunden oder so lange kochen, bis das Fleisch weich ist. Ab und zu umrühren und mit etwas Wasser aufgießen, damit stets Flüssigkeit im Topf ist. Das ergibt eine schöne kräftige Sauce zum Fleisch.
4. Kurz vor dem Servieren den Limettensaft hineingeben und die letzte Knoblauchzehe fein gehackt darüber streuen.

Tipp: »Masala« bedeutet Gewürze; »Garam Masala« sind gemischte Gewürze. Um Ihre eigene Gewürzmischung herzustellen, nehmen Sie 1 EL Kardamom-, 1 TL Kreuzkümmelsamen, 1 TL ganze Nelken, 1 TL schwarze Pfefferkörner, 1/2 TL geriebene Muskatnuss, eine 5 cm lange Zimtstange und 1/2 TL Cayennepfeffer oder getrockneten Chili und mahlen sie so fein wie möglich. Die Mischung kann in einem luftdichten Gefäß 1 – 2 Wochen aufbewahrt werden.

Hackfleisch-Süßkartoffel-Gratin

Kuba

Hackfleisch (span. »picadillo«) wird auf Kuba traditionell mit Spiegeleiern (»con huevos fritos«) gekrönt serviert. Ich habe mir die Freiheit genommen, das Grundrezept etwas abzuwandeln und daraus ein leckeres Hackfleisch-Süßkartoffel-Gratin zu machen.
Zubereitungszeit: 45 Minuten & 20 Minuten zum Backen. Ergibt 6 Portionen.

2 EL Öl
2 Zwiebeln, gehackt
700 g Rindfleisch, gemahlen
1 Scotch-Bonnet- oder andere scharfe Chilischote, entkernt und fein gehackt, oder 1 TL Jerk-Gewürz (Seite 127 oder ein Fertigprodukt)
2 Knoblauchzehen, zerdrückt
1 rote oder grüne Paprikaschote, entkernt und gehackt
4 Tomaten, geschält und gehackt
1 EL frische Petersilie, gehackt
1/2 TL Kreuzkümmelsamen
2 TL getrockneter Oregano
1/4 TL Nelken, gemahlen
2 EL goldene Rosinen
1 TL Salz
3 EL grüne Oliven, gehackt
2 EL Kapern (nach Belieben)
Salz
frisch gemahlener schwarzer Pfeffer
Für den Belag:
4 Süßkartoffeln, geschält und gekocht
1 EL Butter
70 ml Milch
1/4 TL Piment, gemahlen

1. Den Backofen auf 180 °C / Gas Stufe 4 vorheizen. Für den Belag die Süßkartoffeln in einen Topf mit Salzwasser legen und etwa 20 Minuten oder so lange kochen, bis sie weich sind. Gut abgießen.
2. Inzwischen das Öl in einer großen Pfanne mit schwerem Boden heiß werden lassen. Die Zwiebeln zugeben und bei mittlerer Wärmezufuhr etwa 6 Minuten weich dünsten.
3. Das Fleisch zugeben und unter ständigem Rühren etwa 10 Minuten oder so lange braten, bis das Fleisch etwas Farbe angenommen hat.
4. Die Chilischote, den Knoblauch, die grüne oder rote Paprikaschote, Tomaten, Petersilie, Kreuzkümmelsamen, den Oregano, die Nelken, goldenen Rosinen sowie Salz und Pfeffer zugeben und etwa 3 Minuten braten, dabei häufig umrühren.
5. Die gehackten Oliven und die Kapern daruntermischen und noch ein paar Minuten weiterbraten. Kosten und falls nötig nachwürzen. Dann die Mischung in eine Auflaufform füllen, die so groß sein muss, dass oben noch genügend Platz für die Kartoffeln bleibt.
6. Die Süßkartoffeln mit der Butter und der Milch zu einem Püree verarbeiten und mit Piment würzen. Auf der Hackfleischmischung gleichmäßig verteilen. Etwa 20 Minuten oder so lange im Rohr backen, bis die Kartoffelschicht an den Rändern zu bräunen beginnt.

Vegetarisches

GESUNDE UND HERZHAFTE WARME GERICHTE

Bei einem guten Essen kommt es stets auf das richtige Verhältnis von Aroma, Farbe, Textur und Nährwert an – etwas, das für vegetarische Gerichte im ganz Besonderen gilt.

Meine erste Begegnung mit vegetarischer Küche war für mich höchst merkwürdig. Ich war ein junges Mädchen und war eines Tages bei einer Freundin zum Essen eingeladen. Zu meiner völligen Verblüffung aß deren Mutter, soweit ich das mitbekam, nur Gemüse und Käse. Sie konnte offensichtlich nicht gut kochen, und wenn Sie sich doch einmal am Herd versuchte, warf sie alle Zutaten in stark gesalzenes Wasser, ja in eine Art Salzlauge und wartete so lange, bis sich die Zutaten »tot gekocht« hatten. Salz war überhaupt das einzige Gewürz, das sie verwendete, und wenn es einmal irgendeine Sauce gab, war das nicht viel mehr als eingedicker Salzsud. Sie können sich also vorstellen, dass ich Vegetariern zunächst recht skeptisch gegenüber stand.

Erst Jahre später (als ich Bob Marley traf und seine Rastafari-Küche kennen lernte) begriff ich, dass mir wegen dieses frühen Missverständnisses die wunderbare Welt vegetarischer Genüsse entgangen war. Heute liebe ich vegetarisches Essen und verzichte ab und zu wirklich gern auf einen Fleischgang!

Gefüllte Christophenes

Eine köstliche Vorspeise oder Beilage, die sich aber auch als vegetarisches Hauptgericht eignet. Die birnenförmigen Christophenes (auch Chayoten oder Cho-chos genannt) gehören zur Familie der Kürbisgewächse und werden normalerweise gedämpft und mit einem Klecks Butter oder püriert als Suppe gegessen. Sie schmecken aber auch als Rohkost im Salat, wenngleich dies keine traditionell karibische Variante ist.

Vorbereitungs- und Kochzeit: 1 Stunde. Ergibt 2 Portionen als Hauptgericht bzw. 4 Portionen als Vorspeise oder Beilage.

2 Christophenes
1 Frühlingszwiebel, gehackt
1 EL Butter
2 Scheiben frisches Weißbrot ohne Rinde und zerbröselt
1/2 TL Muskatnuss, frisch gerieben
1 Spritzer Tabasco
Salz und Pfeffer
75 g Cheddar-Käse, frisch gerieben

1. Die Christophenes der Länge nach halbieren, in einen Topf mit kochendem Salzwasser geben und kochen, bis sie weich sind. Vom Herd nehmen, abgießen und abkühlen lassen.
2. Die gehackte Frühlingszwiebel in Butter anschwitzen. Dann die Brotbrösel dazugeben und goldbraun braten.
3. Die Kerne und das fasrige Fleisch aus der Fruchtmitte entfernen. Das restliche Fleisch mit einem Löffel vorsichtig auslösen und zu der Bröselmischung geben. Achten Sie darauf, dass die Fruchtschale nicht verletzt wird, da sie später die Füllung aufnehmen muss.
4. Während Sie die Füllung auf kleiner Flamme halten, Muskatnuss und Tabasco hinzufügen und mit Salz und Pfeffer abschmecken. Die Hälfte des geriebenen Käses einstreuen und gut umrühren.

Tipp: Verlangen Sie fern von Jamaika niemals »Cho-chos« – auf Spanisch heißt das etwas ganz anderes!

5. Die warme Füllung in die ausgehöhlten Schalenhälften geben und den restlichen geriebenen Käse darüber streuen.
6. Im heißen Grill überbacken, bis der Käse braun zu werden beginnt. Noch heiß servieren.

I-tal-Curry

Es handelt sich hierbei um ein grundlegendes Gemüse-Curry im Stil der Westindischen Inseln. Wer sich strikt an die Rastafari-Tradition halten will, kann es auch ohne Salz zubereiten. Verwenden Sie bitte nur gute, frische Zutaten und nichts aus der Dose – denn »I-tal ist gleich vital«, vor allem im Herbst oder Winter, wo dieses Gericht besonders gut tut.
Vorbereitungs- und Kochzeit: 40 Minuten. Ergibt 4 – 6 Portionen.

Für das Gemüse:

450 g Kartoffeln (etwa 2 mittelgroße Kartoffeln)
450 g Süßkartoffeln
350 g Kürbis, geschält und entkernt
1/2 kleiner Grünkohl (oder ein Päckchen tiefgefrorener Grünkohl)
1 große Karotte
1 rote, grüne oder gelbe Paprika, entkernt
1/2 Blumenkohl
225 g grüne Bohnen oder Stangenbohnen
1 Scotch-Bonnet- oder andere Chilischote, entkernt und gehackt

Für die Würze:

2 EL Pflanzenöl
1 Frühlingszwiebel
1 TL frische Thymianblätter
1 Zwiebel, gehackt
6 Pimentbeeren
2 Knoblauchzehen, gehackt
2 TL Currypulver
125 – 225 ml Kokosmilch
1 TL Garam Masala (Tipp, Seite 152) zum Garnieren (nach Belieben)

1. Das gesamte Gemüse in etwa 2,5 cm große Würfel schneiden.
2. Dann das Öl in einer großen Kasserolle erhitzen, Frühlingszwiebel, Thymian, Zwiebel, Pimentbeeren, Knoblauch und Curry hinzufügen. Unter Rühren leicht anbräunen.
3. Nun die Kokosmilch zugießen. Die genaue Menge hängt davon ab, wie viel Gemüse Sie verwendet haben und wie gern Sie Kokosmilch mögen. Die Kartoffeln hinzufügen. Alles etwa 5 Minuten lang kochen lassen.
4. Das restliche Gemüse und je nach gewünschter Schärfe, die ganze oder nur einen Teil der gehackten Chilischote zugeben. Die Wärmezufuhr verringern und die Mischung noch 5 – 10 Minuten weiterköcheln lassen, bis das Gemüse gar ist. Falls nötig, Wasser zugießen, aber nur gerade so viel, dass nichts am Topfboden anhaftet.
   Das Gemüse kurz vor dem Servieren mit Garam Masala bestreuen.

Tipp: Im Grunde können Sie dieses Gericht mit jedem Gemüse zubereiten, das Ihnen schmeckt.

Gefüllte Auberginen mit Curryreis

Wenn Sie große Auberginen verwenden, reicht bereits eine halbe pro Person für ein vegetarisches Hauptgericht. Kleinere Auberginen eignen sich dagegen eher als Beilage.

Zubereitungszeit: 15 Minuten für das Entwässern & 45 Minuten & 35 Minuten zum Kochen. Ergibt 4 Portionen als Hauptspeise.

2 große Auberginen
200 g weißer Langkornreis
Olivenöl zum Anbraten
1 große Zwiebel, gehackt
2 Knoblauchzehen, gepresst
2 TL frischer Thymian, gehackt
4 TL Currypulver
4 EL Kokospulver, vermischt mit 60 ml Wasser oder derselben Menge Kokosmilch aus der Dose
2 große Tomaten, entkernt und gehackt
4 EL frischer Koriander, gehackt
Salz und Pfeffer

1. Die Auberginen der Länge nach halbieren und aushöhlen. Bitte dabei die Schale nicht verletzen, da sie später die Füllung aufnehmen muss. Am besten verwenden Sie dazu einen Metalllöffel mit einigermaßen scharfen Kanten. Die Auberginenhälften beiseite stellen.
2. Das Auberginenfleisch mit Salz bestreuen und etwa 15 Minuten lang stehen lassen, damit die Bitterstoffe entzogen werden, und um lose Kerne zu entfernen. Danach gut abspülen und mit Küchenkrepp trockentupfen. Backofen auf 180° C / Gas Stufe 4 vorheizen.
3. In der Zwischenzeit den Reis nach Packungsanleitung kochen.
4. Etwas Öl in einer großen Kasserolle erhitzen und Zwiebel, Knoblauch, Thymian und Currypulver ein paar Minuten lang anbraten, bis die Zwiebel glasig ist. Das gehackte Auberginenfleisch dazugeben und unter gelegentlichem Rühren garen. Sobald die Auberginen weich sind, die Kokosmilch zugießen. Zudecken und etwa 8 Minuten köcheln lassen. Nach Belieben würzen.
5. Tomaten, Koriander und Reis dazugeben und gut umrühren.
6. Die Füllung in die ausgehöhlten Auberginenhälften geben und auf einem eingefetteten Backblech 30 – 35 Minuten im Ofen goldbraun backen.

Tipp: Damit können Sie sehr gut Reisreste verwerten.

Karibisches Wok-Gemüse mit Kokosnudeln

Die richtige Strategie zum Rührbraten besteht darin, das Gemüse zunächst in kleine, mundgerechte Stücke zu schneiden, in der richtigen Reihenfolge in den Wok zu geben (das härteste Gemüse, das natürlich auch am längsten braucht, als Erstes) und dann bei starker Wärmezufuhr unter ständigem Rühren zu braten. Bereiten Sie die Nudeln nicht zu früh zu, damit sie nicht zu lange herumstehen und klitschig und weich werden.

Zubereitungs- und Kochzeit: 50 Minuten. Ergibt 4 – 6 Portionen.

450 g Hokkien-, Ramen- oder chinesische Nudeln
2 – 4 EL Speiseöl zum Braten
225 g Kürbis, geschält und entkernt, in 1 cm große Würfel geschnitten
1 reife Gemüsebanane, in 1 cm große Würfel geschnitten
175 g grüne Bohnen, geputzt und halbiert
2 Karotten, in feine Streifen geschnitten
1 Zwiebel, in 8 Spalten geschnitten, die Schichten voneinander getrennt
110 g Weiß- oder Grünkohl, gehackt
1 rote Paprika, in feine Streifen geschnitten
1/2 EL frische Ingwerwurzel, fein gehackt
1 Knoblauchzehe, gehackt
225 ml Kokosmilch
1 EL Chiliöl
65 g Cashewnüsse, gehackt

1. Die Nudeln in Salzwasser entsprechend der Packungsanleitung kochen und warm stellen.
2. 2 EL Öl in einem Wok erhitzen. Sobald das Öl richtig heiß ist, vorsichtig die Kürbis- und Gemüsebananenwürfel dazugeben. Sorgfältig rührbraten, bis sie weich sind (das dauert ein paar Minuten und Sie müssen ständig dabeibleiben!), und dann am Wokrand hochschieben.
3. Jetzt die grünen Bohnen in die Mitte geben. Wenn sie gar sind, ebenfalls am Wokrand hochschieben und anschließend die Karotten rührbraten. Das Gemüse soll gar, aber noch knackig sein.
4. Falls nötig, noch etwas Öl hinzugeben und heiß werden lassen. Nun das restliche Gemüse rührbraten, bis alles gar, aber noch bunt und knackig ist. Die Kokosmilch zugießen.
5. Die Nudeln abseihen und mit dem Gemüse vermengen. Chiliöl darüber träufeln, die Cashewnüsse dazugeben und erneut durchmischen. Sofort servieren.

Sommerliche Pasta mit Aki

Jamaika

Aki (Ackee), diese merkwürdige Frucht aus Jamaika, sorgt für einen einzigartigen, vegetarischen Genuss und passt hervorragend zu Pasta und Käse. Da Akis sehr empfindlich sind, müssen sie äußerst vorsichtig untergerührt werden. Sommerlich ist dieses Pastagericht übrigens deshalb, weil die Tomaten und Kräuter ungekocht bleiben.
Zubereitungs- und Kochzeit: 20 Minuten. Ergibt 6 Portionen.

4 – 6 Eiertomaten, entkernt und gehackt (unbedingt frische Tomaten!)
1 Frühlingszwiebel, in feine Ringe geschnitten
1 – 2 Knoblauchzehen, gepresst oder sehr klein gehackt
1/2 TL frische Thymianblätter, gehackt
1/2 Scotch-Bonnet- oder andere Chilischote, entkernt und fein gehackt (nach Belieben)
3 – 4 EL Olivenöl (Extra Vergine bzw. das Beste, das Sie kriegen können!)
550 g Akis, geputzt oder 1 560-g-Dose, abgegossen
450 g Fusilli, Farfalle oder Penne
1 große Hand voll frisches Basilikum, frischen Koriander oder frische Petersilie, in kleine Stücke gerissen
50 g frisch geriebener Parmesan oder dieselbe Menge zerkrümelter Feta (nach Belieben)
Salz und Pfeffer

1. Tomaten, Frühlingszwiebel, Knoblauch, Thymian, Chili, Salz und Pfeffer mit 2 EL Öl in einer großen Schüssel vermengen.
2. Das gewaschene, gelbe Fruchtfleisch der Aki (wenn Sie frische verwenden) etwa 10 Minuten in Salzwasser kochen, bis es gar ist. Den Topf vom Herd nehmen und abgießen. Oder aber die Akis aus der Dose im eigenen Saft erhitzen und vor dem Weiterverarbeiten abseihen.
3. Die Pasta in ausreichend Salzwasser »al dente« kochen, dann in einem großen Sieb abgießen.
4. Die noch dampfende Pasta zur Tomatenmischung geben und mit etwas Öl vermengen. Mit Salz und Pfeffer würzen. Nun Akis, Basilikum oder andere Kräuter hinzufügen und den Käse, den Sie bevorzugen, untermengen. Sofort und am besten mit einem schönen, frischen grünen Salat servieren.

Tipp: Zu diesem Gericht gibt es verschiedene, ebenso köstliche Variationen. So können Sie z. B. vorbereiteten Salzfisch oder Oliven dazugeben. Bunte Nudeln wiederum bringen noch mehr Farbe auf den Teller. Versuchen Sie es mit grünen Spinat-, roten Tomaten- oder schwarzen Tintenfischnudeln.

Überbackene Auberginen mit »Callaloo-Rundown«

Jamaika

In Jamaika können wir frisch geerntete Callaloo-Blätter kaufen. Das wäre bei diesem Gericht natürlich erste Wahl. Da Ihnen das aber nicht möglich sein wird, nehmen Sie einfach Callaloo aus der Dose oder aber ein anderes grünes Blattgemüse, beispielsweise Spinat. Freuen Sie sich auf ein herzhaftes, vegetarisches Gericht!

Zubereitungszeit: 30 Minuten zum Entwässern & 20 Minuten & 40 Minuten zum Kochen. Ergibt 4 – 6 Portionen.

450 g Auberginen (etwa 2 mittelgroße Auberginen), in 1/2 cm dicke Scheiben geschnitten

1 Bund frische Callaloo-Blätter oder entsprechende Menge Spinat bzw. eine 538-g-Dose Callaloo bzw. aufgetauten Tiefkühlspinat

2 EL Olivenöl

2 TL frischen Rosmarin, gehackt

2 Knoblauchzehen, gepresst

1 Zwiebel, gehackt

6 kleine Eiertomaten, ohne Haut, entkernt und klein gehackt

300 ml Kokosmilch

Speiseöl zum Braten

Zum Garnieren:

2 Tomaten, in Scheiben geschnitten

frischer Rosmarin, gehackt

Salz und Pfeffer

1. Die Auberginen großzügig mit Salz bestreuen und 30 Minuten stehen lassen. Backofen auf 180 °C / Gas Stufe 4 vorheizen.
2. Die Stängel der frischen Callaloo von ihren äußeren Fasern befreien (ähnlich wie bei Stangensellerie). Die Stängel und Blätter hacken und in dem wenigen Wasser, das vom Waschen noch an den Blättern haften geblieben ist, weich dünsten. Falls Sie Spinat verwenden: Genauso zubereiten. Oder aber die Dosen-Callaloo abgießen bzw. den Tiefkühlspinat auftauen.
3. Wenn die Auberginen entwässert sind, den bitteren Saft, der sich agesammelt hat, abgießen, das überschüssige Salz abspülen. Olivenöl mit Rosmarin und Knoblauch mischen und über die Auberginen gießen, sodass sie damit bedeckt sind.
4. Etwas Speiseöl in einer Kasserolle erhitzen und die Auberginen bei geringer Wärmezufuhr und geschlossenem Deckel etwa 10 Minuten dünsten, bis sie weich sind. Die Kasserolle vom Herd nehmen und beiseite stellen.
5. Etwas Speiseöl in eine Kasserolle geben und die Zwiebeln darin glasig dünsten. Die Tomaten und die Callaloo bzw. den Spinat hinzufügen. Mit Salz und Pfeffer bestreuen. Wenn alles schön warm ist, die Kokosmilch dazugießen und gut verrühren.
6. Eine Auflaufform mit der Hälfte der Auberginenscheiben auslegen. Die Callaloo-Mischung darüber geben und anschließend mit einer zweiten Schicht Auberginen bedecken. Zum Schluss noch mit überlappenden Tomatenscheiben belegen, noch etwas Olivenöl darüber träufeln und mit Salz, Pfeffer und Rosmarin bestreuen. Etwa 40 Minuten im Ofen backen. Servieren!

»Bob und ich« Rastafaris sind eine aus Jamaika stammende Religionsgemeinschaft, deren Glauben sich auf die Schriften der Bibel gründet. Sie sehen sich als Nachkommen von Kaiser Haile Selassie von Äthiopien, vom dem sie glauben, er stamme in direkter Linie von König Salomo und der Königin von Saba ab, weshalb die äthiopische Flagge auch den Davidsstern und den Löwen von Juda zeigt.

Was ihren Speiseplan angeht, haben Rastafaris nicht nur Fleisch von ihrem Speiseplan verbannt, sie gehen sogar noch einen Schritt weiter: Ihre Küche ist völlig salzlos. Die so zubereiteten Speisen werden »I-tal Food« genannt und sind ein wenig gewöhnungsbedürftig. Die dafür verwendeten Nahrungsmittel müssen frisch sein und dürfen keinerlei chemische Zusatz- und Konservierungsstoffe enthalten. Kein Wunder, dass Dosennahrung und Fertigmahlzeiten bei Rastafaris tabu sind.

Die meisten »I-tal«-Gerichte werden aus Biogetreide wie Hafer (für Porridge), braunem Reis, Tofu, Bohnen, Erdnüssen, Yams, Süßkartoffeln, Linsen, Kohl, Christophenes, Callaloo, Karotten, Pak Choi und manchmal auch Fisch (nicht aber mit aasfressenden Schaltieren) zubereitet. Gewürzt wird reichlich mit Kokosmilch, Pfeffer und frischen Kräutern. Honig und Zimt kommen dagegen im Porridge und bei verschiedenen Süßigkeiten zum Einsatz.

Bob Marley ist sicherlich der bekannteste Rastafari überhaupt. Für ihn und seine Reggae-Band »The Wailers« war es unvorstellbar, ohne den eigenen Koch Mikey Dan auf Tour zu gehen. Vor vielen Jahren besuchte ich mit Bob in London das Restaurant eines Freundes. Aus irgendeinem dummen Grund bestellte ich mir ein Schweinefleischgericht – er muss das als extrem frevlerisch empfunden haben. Ich zögerte keinen Augenblick und aß meinen Teller vor seinen Augen leer. Dafür hätte er mich eigentlich zutiefst verachten müssen, was er jedoch nicht tat. Respekt.

Beilagen

»GROUND PROVISIONS«, REIS, BROT & GEMÜSEBANANEN

Knusprig-weiche »Bammies« (Maniokbrötchen), dampfende, vor Butter triefende Yams, klebrige Klöße: Das sind die Beilagen, die unsere Hauptgerichte abrunden und unserer Küche das gewisse Etwas verleihen. In Asien kommen Tag für Tag Reis oder Nudeln auf den Tisch, in Europa und Amerika bevorzugt man eher Brot, Kartoffeln und Pasta. Bei uns in der Karibik gibt es stattdessen eine große Auswahl an so genannten »Ground Provisions«, also Nahrungsmitteln, die im Boden wachsen wie Wurzelknollengemüse. Dieses wird auch »Blue Food« genannt, weil es wie Coco und Yampie einen bläulichen Schimmer bekommt, wenn es gekocht wird. Solche Beilagen werden meist zu Fleischgerichten gereicht, damit man die Soße damit auftunken kann.

Stärkehaltige Beilagen spielen in der karibischen Küche eine große Rolle. Ich weiß, dass ein Teller mit gekochten, grünen Bananen, dicken gelben Yamsbrocken oder mit einem großen Kloß auf manchen Inselbesucher nicht gerade anziehend wirkt. Aber ich kann mir viele unserer traditionellen Gerichte ohne diese Beilagen gar nicht vorstellen! Ihr einfacher, erdiger Geschmack ist irgendwie tröstlich. Diejenigen, die nach wie vor skeptisch sind, kann ich allerdings beruhigen: Ich werde Ihnen diese Beilagen ganz vorsichtig eine nach der anderen nahe bringen. Darüber hinaus werde ich sie Ihnen in einer verfeinerten Version präsentieren.

Bis vor wenigen Jahren waren uns Insulanern Nudeln weitgehend unbekannt, sieht man einmal von den amerikanischen »Macaroni & Cheese« oder jenen aus dem Chinarestaurant ab. Inzwischen hat Pasta auch in der karibischen Küche Einzug gehalten. Vor allem von Sportlern und jungen Leuten werden Nudeln begeistert aufgenommen: Während die einen sie als gute Energiespender schätzen, lassen die anderen mit schnell zubereiteten, trendigen Pastagerichten ihre Erinnerungen an Reisen nach Europa aufleben.

Reis, Mehl und Maismehl sind, im Gegensatz zu Nudeln, als Basisprodukte wirklich in jeder Küche anzutreffen. Dazu kommen Kartoffeln, die bei uns auch oft »Irish« genannt werden, und natürlich Reis, der häufig mit Gemüse vermischt wird, um ihn etwas

aufzupeppen. »Pumpkin Rice« (»Kürbisreis«) beispielsweise lässt sich ganz leicht herstellen: Man braucht den Kürbis nur in kleine Würfel zu schneiden und zusammen mit dem Reis zu dämpfen. Oder wie wär's mit »Callaloo-Rice« – Reis, der mit unserer heiß geliebten Kokosmilch und etwa 450 g klein gehackten Callaloo-blättern gekocht wird. Das Kochwasser für den Reis bitte stets salzen! Oder mischen Sie einfach etwas von Ihrer bevorzugten Gewürzmischung in den Reis. Noch schöner sieht es aus, wenn Sie den Reis mit einem Hauch Currypulver oder Anatto-Öl vermengen, um ihn einzufärben.

Gemüsebananen, die als Verwandte der Bananen eigentlich dem Obst zugerechnet werden müssten, sind eine stärkehaltige Beilage oder ein leckerer Snack. Sie werden auf allen Inseln gegessen. Erhältlich sind sie in verschiedenen Größen und Reifegraden. Das Erste, was Sie über Gemüsebananen wissen sollten, ist, dass sie unabhängig von ihrem Reifegrad vor dem Verzehr gekocht werden müssen. Roh sind sie ziemlich glitschig, was sich während des Kochens allerdings wieder gibt. Gemüsebananen sind überall dort erhältlich, wo sich Käufer von den Westindischen Inseln, aus Südamerika oder Afrika tummeln. Mir ist aufgefallen, dass die reifen, aber bereits schwarzen Gemüsebananen in Supermärkten häufig entfernt werden – vielleicht, weil man denkt, sie wären überreif, wie das bei Obstbananen der Fall ist. Von wegen! Genau solche Gemüsebananen gehören noch heute Abend in den Topf! Sie werden sehen, sie schmecken köstlich!

Um eine Gemüsebanane zu schälen, schneiden Sie zunächst beide Enden ab und dann die Schale von oben nach unten ein. Versuchen Sie, das Fruchtfleisch dabei nicht zu verletzen. Dann mit einem Finger unter die Schale fahren und sie auf einmal ablösen, da sie sich nicht in Streifen teilen lässt wie bei der Obstbanane. Sehr grüne Gemüsebananen schneiden Sie besser zweifach ein und schälen sie nach und nach, ähnlich wie eine Orange. Gemüsebananen werden im Ganzen, in Stücken, Ringen, Scheiben oder als Püree serviert – es gibt unzählige Arten, sie zuzubereiten!

Frittierte reife Gemüsebananen Nehmen Sie eine reife Gemüsebanane, schälen Sie sie und schneiden Sie sie in 8 – 10 mm dicke Scheiben. Man kann sie auch in Längsstreifen schneiden, aber das ist eine äußerst glitschige Angelegenheit! Schneiden Sie die Scheiben auf keinen Fall zu dünn! Die Scheiben dann in heißes

Öl geben und 1 bis 2 Mal wenden, bis sie knusprig und goldbraun sind. Das überschüssige Öl auf Küchenkrepp abtropfen lassen. Die Gemüsebananen sind jetzt orangefarben und innen weich, aber fest.

Reife gebackene Gemüsebananen Gemüsebananen, die noch eine Idee zu jung und nicht voll ausgereift und süß sind, sollte man nicht frittieren, sondern lieber im Ofen zubereiten. Besser schmecken aber auch hier reife Gemüsebananen! Entfernen Sie die Schale, belegen Sie die Banane mit Butterflocken oder bepinseln sie mit Öl und wickeln sie in Alufolie. Dann darf sie gemeinsam mit einem Braten in den Ofen. Oder aber Sie legen die Gemüsebanane ohne Folie neben Ihr Huhn in den Bräter – und zwar 15 Minuten, bevor das Huhn gar wird. (Ist die Gemüsebanane eher unreif, muss sie früher hinein.) Durch das austretende Hühnerfett wird sie außen richtig schön knusprig. Alternativ können Sie die Gemüsebanane auch in zwei Stücke schneiden und dann noch einmal längs halbieren. Die Scheiben in eine gefettete, feuerfeste Form legen, den Saft einer Orange darüber gießen und alles mit ein wenig gemahlenem Zimt sowie 1 TL geriebener Orangenschale bestreuen und im Ofen etwa 20 Minuten lang bei 180 °C / Gas Stufe 4 backen. Wenn Sie eine Schwäche für Süßes haben, können Sie auch noch 1 EL Honig oder Guavengelee hinzufügen.

Tostones (Zweifach frittierte grüne Gemüsebanane) Die Gemüsebanane schälen und in 1 cm dicke Scheiben schneiden. Diese ein paar Minuten in kaltes, gesalzenes Wasser legen und vor dem Frittieren trockentupfen. In heißes Öl legen und wenden, sobald sie goldbraun sind. Die Scheiben auf Küchenkrepp abtropfen lassen und dann mit einem Nudelholz vorsichtig flach klopfen. (Die ursprüngliche Form sollte jedoch noch erkennbar bleiben.) Die flachen Scheiben erneut in das heiße Öl geben und goldbraun frittieren. Auf Küchenkrepp abtropfen lassen. Jetzt sind sie herrlich knusprig! Mit Salz bestreuen und warm servieren. Wer will, kann auch ein Knoblauch-Öl-Dressing darüber geben.

Gemüsebananenpüree Die Bananenenden abschneiden, die Schale einschneiden, die Gemüsebanane (ungeschält) in zwei Stücke teilen und in kochendes Wasser geben. 10 – 15 Minuten kochen, bis sie gar sind. Die Bananen abseihen, kurz auskühlen lassen und dann schälen. Das Fruchtfleisch unter Zugabe von Butter und Milch pürieren. Mit Salz und frisch gemahlenem Pfeffer würzen. Wie Kartoffelpüree servieren!

Baron d'Arignac
Citron

»Festival«

Jamaika

Dieses leicht süße frittierte Küchlein ist eine jamaikanische Spezialität, das traditionellerweise zu Jerk-Fleischgerichten serviert wird – und einfach fantastisch schmeckt!

Zubereitungszeit: 10 Minuten & 10 Minuten zum Frittieren. Ergibt 6 Portionen.

125 g Maismehl
125 g Weizenmehl
2 TL Backpulver
1 EL Zucker
1/2 TL Salz
Speiseöl, zum Frittieren

1. Alle Zutaten in einer Schüssel vermengen.
2. Gerade so viel kaltes Wasser dazugeben, dass ein fester Teig entsteht. Die Hände bemehlen.
3. Den Teig leicht durchkneten und in 12 Portionen teilen. Diese zu kleinen Rollen oder »Zigarren« formen und anschließend leicht flach drücken.
4. Das Öl etwa 2,5 cm hoch in eine Kasserolle gießen und ziemlich stark erhitzen. Sobald das Öl zu rauchen beginnt, die Küchlein vorsichtig hineingleiten lassen. Insgesamt etwa 8 Minuten lang frittieren und dabei mehrfach wenden, bis sie auf beiden Seiten goldbraun sind. Auf Küchenkrepp abtropfen lassen.

Chilibrot

Dieses leichte Brot wird Ihnen ein verblüffendes Geschmackserlebnis bereiten: Es schmeckt süß, aber auch scharf. Wie viel Chili Sie verwenden wollen, hängt ganz von Ihnen ab. Gereicht wird das Brot zu Suppen oder Fischgerichten.

Zubereitungszeit: 15 Minuten, um den Teig anzusetzen & 30 Minuten & 4 Stunden zum Aufgehen insgesamt & 40 Minuten zum Backen. Ergibt 2 Laibe.

1 Würfel Hefe (42 g)
225 ml lauwarmes Wasser
2 EL Zucker
2 Eier, leicht verquirlt & 1 verquirltes Ei zum Bestreichen
1 TL Salz
2 EL Pflanzenöl & 1 EL zum Einölen der Schüssel
500 g backstarkes Mehl (Typ 550 o. Ä.) & etwas extra zum Kneten
je 1/2 rote, gelbe und grüne Paprikaschote, entkernt und fein gehackt
2 – 4 Scotch-Bonnet- oder andere scharfe Chilischoten (je nachdem, wie scharf Sie es mögen!), entkernt und fein gehackt

1. Hefe, Wasser und Zucker in einer großen Schüssel vermengen. Zudecken und 10 – 15 Minuten oder so lange ruhen lassen, bis die Mischung schäumt und sich an der Oberfläche kleine Bläschen bilden.
2. Eier, Salz und Pflanzenöl in die Hefemischung einrühren, bis alles gut vermengt ist. Dann das Mehl und die Paprika langsam in die Masse einarbeiten.
3. Die Arbeitsfläche sowie die Hände gut bemehlen und den Teig so lange durchkneten, bis er ganz weich und elastisch ist. Fühlt er sich zu klebrig an, noch etwas Mehl hinzufügen.
4. Die Schüssel leicht einölen und den Teig darin wälzen, bis er vollständig mit Öl überzogen ist. Dann die Schüssel zudecken und den Teig an einem warmen Ort 2 – 3 Stunden oder so lange aufgehen lassen, bis sich sein Volumen verdoppelt hat.
5. Den Teig merhmals kräftig auf die Arbeitsplatte werfen, um die Luft herauszuschlagen. Dann halbieren und zwei runde Laibe formen. Auf ein beschichtetes oder mit Backpapier ausgelegtes Blech geben. Zudecken und etwa 1 Stunde ruhen lassen, bis die Laibe ihre Größe verdoppelt haben.
6. Den Backofen auf 190 °C / Gas Stufe 6 vorheizen. Die Laibe mit der restlichen Eimischung bestreichen und auf der mittleren Schiene 30 – 40 Minuten oder so lange backen, bis sie goldbraun sind. Um zu testen, ob das Brot fertig gebacken ist, die Laibe umdrehen und auf die Unterseite klopfen. Wenn es hohl klingt, ist das Brot fertig. Auf einem Gitter auskühlen lassen.

»Coconut Bake«
Trinidad

Servieren Sie dieses leichte Kokosgebäck aus Trinidad mit dem »Salzfisch-Snack« oder »Bul Jol« (Seite 47) zum Frühstück.
Zubereitungszeit: 10 Minuten & 1 Stunde zum Aufgehen & 30 Minuten zum Backen. Ergibt einen runden, etwa 30 cm großen Brotlaib.

450 g Weizenmehl
3 TL Backpulver
1/2 TL Salz
2 EL brauner Zucker
60 g Kokosraspeln
100 g Butter
40 g Schmalz oder weißes pflanzliches Backfett & Fett für das Backblech
300 ml Kokosmilch

1. Den Backofen auf 180 °C / Gas Stufe 4 vorheizen. Ein Backblech einfetten.
2. Mehl, Backpulver und Salz in eine Schüssel sieben. Den braunen Zucker und die Kokosraspeln dazugeben. Danach die Butter und das Schmalz bzw. Backfett einarbeiten.
3. Langsam die Kokosmilch zugießen und alles zu einem glatten Teig verkneten. Den Teig etwa 1 Stunde ruhen lassen.
4. Den Teig zu einer Kugel formen und dann zu einem 2,5 cm dicken Fladen ausrollen. Auf das eingefettete Backblech legen und 20 – 30 Minuten oder so lange backen, bis das Brot goldbraun ist. Wenn Sie das Brot umdrehen, auf die Unterseite klopfen und es hohl klingt, dann ist es fertig. Auskühlen lassen.

Mini-Tortillas

Die Tortilla ist ein traditionelles spanisches Kartoffelomelett, das in »Tortenstücke« geschnitten und bei Zimmertemperatur gegessen wird – ein idealer Picknicksnack, der sich auch hervorragend für ein kaltes Büffet eignet.

Ich habe mir die Freiheit genommen, ganz kleine Tortillas zu machen und sie mit etwas Callaloo, Käse und anderem zu verfeinern. Lassen Sie Ihrer Fantasie freien Lauf und erfinden Sie ruhig eigene Rezepte und Kombinationen!

Im Grunde brauchen Sie nur ein Muffinblech, dessen Vertiefungen Sie mit Kartoffeln, Zwiebeln und verquirltem Ei füllen. Anschließend geben Sie nach Belieben Käse, Callaloo oder Spinat darauf und bestreuen das Ganze mit Ihren Lieblingsgewürzen – fertig ist ein köstliches, bodenständiges Gericht.

Zubereitungszeit: 30 Minuten & 45 Minuten zum Garen. Ergibt 12 Tortillas.

Etwas Fett für das Backblech
2 Zwiebeln, in Ringe geschnitten, die nochmals halbiert werden
1 EL Butter
Für die Eimischung:
8 Eier, verquirlt
125 ml süße Sahne
1 TL Salz
1/4 TL schwarzen Pfeffer
1 Prise Muskatnuss, frisch gerieben

Zum Verfeinern:
225 g Kartoffeln, grob gerieben
225 g Süßkartoffeln, grob gerieben
60 g geriebener Käse
225 g Callaloo, Spinat oder anderes Blattgemüse, gekocht
Cayennepfeffer, Chilipulver, Currypulver, Knoblauchpulver, Oregano oder Paprikapulver

1. Den Backofen auf 180 °C / Gas Stufe 4 vorheizen.
2. Ein Muffinblech mit 12 Vertiefungen gut einfetten.
3. Die Zutaten für die Eimischung vermengen. Die Menge reicht aus, um alle 12 Vertiefungen des Muffinblechs zusammen mit den anderen Zutaten zu füllen.
4. Die Zwiebeln in Butter anbraten, bis sie weich sind.
5. Zuerst eine Lage Kartoffeln in die Vertiefungen füllen und diese mit einer Lage Zwiebeln bedecken. Dann etwas Eimischung darauf gießen, Käse darüber streuen, eine weitere Lage Kartoffeln hinzufügen, erneut etwas Eimischung darüber geben und das Ganze mit Chilipulver krönen. Das ist nur ein Beispiel für eine Vertiefung. Viel Spaß beim Erfinden eigener Zutatenkombinationen!
6. Sind alle Vertiefungen im Muffinblech gefüllt, das Ganze 25 – 30 Minuten im Ofen gar backen. Das Blech abkühlen lassen und die Tortillas anschließend aus der Form lösen. Als Beilage oder Snack servieren.

Flan aus süßen Gemüsebananen & Ingwer

Diese süß-pikanten Flans sind eine ideale Beilage für den köstlichen »Ochsenschwanz in Rioja« (Seite 149). Aber sie passen auch zu jedem anderen herzhaften Schmortopf, Fleisch- oder Wildgericht.

Zubereitungs- und Kochzeit: 40 Minuten. Ergibt 6 Portionen.

4 süße, reife Gemüsebananen

5 cm frische Ingwerwurzel, geschält und gerieben

4 Eier, verquirlt

300 ml Milch

1/2 TL Zimt, gemahlen

Salz & frisch gemahlener schwarzer Pfeffer

1 EL Butter

1. Den Backofen auf 180 °C / Gas Stufe 4 vorheizen.
2. Die Gemüsebananen mit einem scharfen Messer am oberen und unteren Ende abschneiden, dann an einer Seite einschneiden und schälen. 10 – 15 Minuten kochen.
3. Den Topf mit den Gemüsebananen vom Herd nehmen, die Bananen abseihen und in eine Rührschüssel geben. Mit einem Kartoffelstampfer zu Brei zerdrücken. Den Ingwer, die Eier und Milch unterrühren und mit Zimt, Salz und Pfeffer würzen.
4. Sechs kleine Auflaufformen mit Butter einfetten, und die Mischung einfüllen. Dann in eine mit kochendem Wasser gefüllte, große feuerfeste Form stellen. (Darauf achten, dass kein Wasser in die Förmchen gelangt!) Das Wasser sollte bis zur halben Höhe der Seitenwände reichen. Ins Rohr schieben und etwa 15 Minuten oder so lange backen, bis sich die Flans bei Berührung fest anfühlen. Eventuell etwas Wasser in die feuerfeste Form nachgießen.
5. Die feuerfeste Form vorsichtig aus dem Ofen holen. Die Förmchen herausnehmen, auf kleine Teller stürzen und servieren.

Gegrillte Brotfrucht

Diese Beilage können Sie auf einem kleinen Kohleofen (»Coal-Pot«) oder über dem Grillfeuer zubereiten. Denn Sie brauchen dazu in jedem Fall ein offenes Feuer. Wählen Sie eine halbreife Brotfrucht aus – und keine weiche. Sollte etwas übrig bleiben, können Sie daraus »Karibische Brotfruchtchips« (Seite 48) herstellen.
Zubereitungszeit: 1 Stunde zum Garen & 15 Minuten zum Abkühlen und Schälen. Ergibt etwa 16 Scheiben.

1 halbreife Brotfrucht
Butter

1. Den Stängel der Brotfrucht entfernen, die Frucht auf einen Spieß stecken und mit der Stängelseite nach unten über einem mittleren Feuer grillen. Dabei ständig wenden, sodass alle Seiten gleichmäßig schwarz werden.
2. Nach 45 – 60 Minuten wird die Frucht ganz schwarz sein; ist sie gar, steigt Dampf aus der Stielöffnung auf. Zur Sicherheit können Sie mit einem Messer in die Frucht hineinstechen: die Klinge sollte beim Herausziehen sauber bleiben.
3. Die Brotfrucht soweit abkühlen lassen, dass man die verkohlte Haut abziehen kann. Übrig bleibt eine cremfarbene Kugel. Die Kugel halbieren, dann vierteln und den Kern entfernen. Die Viertel in Scheiben schneiden und mit Butter servieren.

Pürierte Maniokfrucht mit geröstetem Knoblauch

Dieses Gericht ist ein idealer Ersatz für Kartoffelpüree und ein köstlicher Trostspender!
Zubereitungs- und Kochzeit: 20 Minuten. Ergibt 6 Portionen.

1 kg Maniokfrucht, geschält und gewürfelt
1 ganze Knoblauchknolle
60 g Butter
300 ml Milch, leicht erwärmt
Muskatnuss, frisch gemahlen
Salz & frisch gemahlener schwarzer Pfeffer

1. Den Backofen auf 190 °C / Gas Stufe 6 vorheizen. Die Maniokfrucht in eine große Kasserolle legen, mit Wasser bedecken, 1 TL Salz hinzufügen und alles zum Kochen bringen. Die Frucht auf kleiner Flamme mit geschlossenem Deckel etwa 20 Minuten oder so lange kochen, bis sie weich ist.
2. Die Knoblauchknolle inzwischen ins Rohr legen und etwa 20 Minuten oder so lange backen, bis sie weich ist. Aus dem Ofen nehmen und beiseite stellen.
3. Die Maniokfrucht vom Herd nehmen, abseihen und zurück in die Kasserolle geben. Mit einem Kartoffelstampfer zu Brei stampfen. Mithilfe einer Gabel Butter und Milch unterrühren. Den weichen Knoblauch aus der Schale pressen und zu dem Maniokpüree geben. Alles mit der Gabel gut vermengen, mit Salz, Muskatnuss und frisch gemahlenem Pfeffer abschmecken und sofort servieren.

»Rice & Peas«

Jamaika

Es gibt kaum ein Gericht, das in der Karibik so beliebt ist wie Reis mit Hülsenfrüchten. Manchmal wird beides separat zubereitet wie bei gelbem Reis mit roten Bohnen oder dem kubanischen Gericht namens »Moros y Cristianos« (schwarze Bohnen und weißer Reis). Oder aber man kocht alles zusammen wie bei »Peas and Rice« aus Trinidad beziehungsweise dem jamaikanischen »Rice and Peas«. Auf französischsprachigen Inseln wie Haiti heißt das Gericht »Riz et Pois Colles«. Die verwendeten Gewürze variieren leicht, manchmal nimmt man Kokosmilch, ein anderes Mal Fleischbrühe, um die Bohnen oder Erbsen zu kochen. Da die Bohnen sehr lange kochen müssen, werden solche Gerichte hauptsächlich an den Wochenenden gegessen. Doch inzwischen behelfen sich viele Inselbewohner mit einem Dampfkochtopf, um das Kochen zu beschleunigen.
Zubereitungszeit: über Nacht zum Einweichen & 15 Minuten & 2 1/2 Stunden zum Kochen. Ergibt 6 – 8 Portionen.

250 g getrocknete rote Hülsenfrüchte (rote Kidney-Bohnen oder Gungo-Erbsen), über Nacht eingeweicht
375 ml Kokosmilch
400 g weißer Reis
3 Frühlingszwiebeln
1 Zweig frischer Thymian
1 Scotch-Bonnet- oder andere scharfe Chilischote
Salz & frisch gemahlener schwarzer Pfeffer

1. Die Hülsenfrüchte abseihen, waschen und in eine große Kasserolle mit einem gut schließenden Deckel geben. So viel Wasser dazugießen, dass die Hülsenfrüchte gut bedeckt sind. Alles zum Kochen bringen, etwa 10 Minuten kochen und dann auf kleiner Flamme weitere 2 Stunden köcheln lassen, bis die Hülsenfrüchte gar sind. Wasser nachgießen, falls notwendig.
2. Die Kokosmilch, den Reis, die Frühlingszwiebeln und den Thymian dazugeben. Salzen und Pfeffern. So viel Wasser nachgießen, dass sich etwa 2,5-mal so viel Wasser wie Reis und Hülsenfrüchte in der Kasserolle befinden (siehe Tipp).
3. Die Chilischote im Ganzen dazugeben und alles zum Kochen bringen. Sofort zudecken und die Wärmezufuhr auf die niedrigste Stufe reduzieren. Den Reis 25 – 30 Minuten dämpfen. Den Deckel währenddessen nicht abheben! Der Reis darf nicht umgerührt werden, sonst wird er klebrig. Der Reis ist in der Regel gar, wenn er die gesamte Flüssigkeit aufgesogen hat.
4. Die Chilischote, Frühlingszwiebeln und den Thymianzweig entfernen. Den Reis umrühren und warm servieren.

Tipp: Wenn Sie Reis dämpfen, gibt es einen Trick, um die richtige Menge Flüssigkeit zu berechnen: Nachdem Sie den Reis in den Topf gegeben haben, fügen Sie so viel Flüssigkeit (Kokosmilch und Wasser) hinzu, dass diese etwa 2,5 cm über dem Reis steht. Sie können auch Ihren (sauberen!) Zeigefinger hineinstecken: Die Flüssigkeit sollte die Fingerkuppe bedecken. Egal, wie viel Reis Sie kochen – die Flüssigkeitsmenge wird immer stimmen.

Maismehl-»Coo-Coo«

In der Karibik darf Maismehl in keinem Haushalt fehlen. Wir machen daraus Porridge. Klöße, Brot, Fritters, Pudding, Kuchen – und »Coo-Coo«! Maismehl ist billig, macht satt, schmeckt lecker und ist seit jeher ein fester Bestandteil unseres Speiseplans.

»Coo-Coo« oder Maismehlbrei ist dickflüssiger als Porridge und wird oft mit Kokosmilch und vielen Gewürzen zubereitet. Er muss in einer Form erkalten, bis er so hart ist, dass man ihn in Scheiben schneiden kann. Man isst ihn pur mit ein bisschen Salz und Pfeffer, mit Okra, Zwiebeln oder Fleisch. Die Scheiben werden auch gerne frittiert oder gebacken.

Zubereitungs- und Kochzeit: 40 Minuten & 30 Minuten zum Abkühlen. Ergibt 12 – 18 Portionen.

1 rote Paprika
1,5 l Wasser
3 Würfel Hühnerbrühe
350 g Maismehl
1 EL Butter
60 ml Kokosmilch
1 Zwiebel, gehackt
8 Okras, in Ringe geschnitten oder frische Maiskörner
4 Frühlingszwiebeln, gehackt (grüne und weiße Teile)
Salz & Pfeffer

1. Den Backofen auf 250 °C / Gas Stufe 4 vorheizen. Die rote Paprika etwa 20 Minuten im Rohr backen. An der versengten Haut kann man sehen, dass sie gar ist. Die Paprika aus dem Ofen holen, in eine Plastiktüte geben, diese zuknoten und die Paprika abkühlen lassen.
2. Inzwischen das Wasser in einem großen Topf zum Kochen bringen und die Brühwürfel dazugeben. Das Maismehl gründlich durchfeuchten und dann langsam in die kochende Brühe einrühren. Darauf achten, dass sich keine Klümpchen bilden. Butter und Kokosmilch hinzufügen. Alles auf kleiner bis mittlerer Flamme kochen, der Brei darf nur leicht blubbern.
3. Die Paprika häuten, entkernen, das Fleisch in Würfel schneiden und die Hälfte davon in den heißen Brei geben und mitkochen. Den Brei von Zeit zu Zeit umrühren – Achtung, er brennt leicht an.
4. Nach 15 Minuten die Zwiebeln und Okras hinzufügen. Weiterrühren, damit der Brei nicht anbrennt. 40 Minuten kochen.
5. Abschmecken und falls nötig mit Salz und Pfeffer nachwürzen. Die Frühlingszwiebeln zugeben. Der Brei sollte mittlerweile ziemlich dickflüssig sein und sich vom Topfrand lösen.
6. Kleine Auflaufförmchen oder eine beliebige feuerfeste Form einfetten. Die zurückbehaltenen Paprikawürfel gleichmäßig in die Form streuen und dann den Maisbrei darauf gießen.
7. Nach ein paar Minuten beginnt die Oberfläche hart zu werden. Warten Sie, bis der Brei völlig abgekühlt ist, und schneiden Sie ihn dann in Scheiben. Warm, kalt oder wieder aufgewärmt servieren. Wird er im Kühlschrank aufbewahrt, hält sich der Brei mehrere Tage lang. Mit der »Love Apple Sauce« (Seite 194) kombiniert, schmeckt dieses Gericht besonders gut.

Tipp: Aufwallender Maisbrei kann sehr heiß werden. Passen Sie auf, dass Sie sich nicht verbrennen!

VIEJ
PUERTO RICO
RUM PRODUCED BY
O MARQUES & CO.
TO RICO • 40% ALC/VOL (80 PROOF)

Würziges

SCHARFE SAUCEN, PICKLES & DRESSINGS

In meiner Küche stehen Unmengen von Gläsern voller Gewürze, Pickles und Saucen. Denn das ist meiner Meinung nach der einfachste Weg, um Speisen zu variieren – von Eiern über Sandwiches bis zum Hauptgericht. Mit einem Tröpfchen Sauce oder einer Prise Gewürz zaubert man im Nu eine ganz andere Stimmung auf den Gaumen. Wie lecker schmeckt beispielsweise das Jerk-Sandwich mit etwas Mango-Chutney oder die Suppe mit einem Tröpfchen Chili-Sherry! Apropos Chili: Als Chili-Experten betreiben wir Insulaner natürlich eine Art Haarspalterei hinsichtlich der vielfältigen Chilisorten und der Art und Weise, sie zu genießen. Dabei gibt es jede Menge Vorlieben, die man schon in jungen Jahren entwickelt, wobei die Schärfe-Verträglichkeit ebenso wie die Leidenschaft für Chili überhaupt im Laufe der Jahre noch zunehmen.

Man kann selbst bei Schoten der gleichen Chilisorte viele Geschmacksnoten und Schärfegrade unterscheiden. Ernten Sie zehn Schoten vom gleichen Feld, und Sie werden den Unterschied merken. Aber kommen wir zu den Sorten: Die »Habañero« ist auf den Karibischen Inseln beliebter als »Jalapeño« oder »Tabasco« und um ehrlich zu sein, ist sie auch schärfer. Ja, manche Chilischoten sind wirklich ziemlich feurig, was uns aber nicht weiter stört. Wir verwenden ja schließlich auch »Bird Peppers« – diese kleinen wilden Monster! Auf Trinidad sind »Congo Peppers« sehr beliebt, ebenso die »West Indian Red«, eine relativ neue Sorte, die vorwiegend zur Herstellung von Chilisaucen verwendet wird. Die beliebteste Verwandte der »Habañero«, die auf Jamaika verwendet wird, ist die »Scotch Bonnet«; die kürbisförmigen Schoten sind ausschließlich grün oder gelb und für ihren einzigartigen Geschmack berühmt. Man sagt, dass der Körper nach dem Genuss von scharfen Chilischoten Endorphine abgibt, die Opiaten ähneln und Glücksgefühle bewirken. Ich jedenfalls fühle mich immer glücklich, wenn ich Chili esse!

Kokosnuss-Sahne-Dressing mit Angostura Bitter

Ein delikates Dressing mit subtilen Untertönen. Servieren Sie es zu Fisch-, Meeresfrüchte- oder Gemüsesalaten, wenn Sie Lust auf etwas Mildes verspüren.
Zubereitungszeit: 10 Minuten. Ergibt etwa 125 ml.

70 ml Kokoscreme
70 ml saure Sahne
6 Tropfen Angostura Bitter
1/4 TL Piment, gemahlen
1 TL Honig
1/2 TL Scotch-Bonnet- oder eine andere scharfe Chilischote, sehr fein gehackt
1 TL Weißweinessig

1. Alle Zutaten miteinander vermischen. Vor dem Servieren noch eine Weile im Kühlschrank ziehen lassen.

Limetten-Sahne-Sauce

Diese Sauce ist ideal zu Fisch oder Salat.
Zubereitungszeit: 10 Minuten. Ergibt etwa 125 ml.

2 EL Limettensaft
1 TL Limettenschale, gerieben
1 EL frischer Schnittlauch, fein geschnitten
1/2 TL Chilisauce
125 ml saure Sahne
70 ml Mayonnaise
Salz & Pfeffer

1. Alles miteinander vermischen. Die richtige Balance zwischen Salz und Limettensaft finden und nach Belieben abschmecken.

Del Pais
4 X 1.00

Feurige Guaven-Dip-Sauce oder Glace

Guaven gibt es überall in der Karibik, sie werden aber vor allem auf den spanischsprachigen Inseln geschätzt, wo sie auf vielerlei Weise Verwendung finden – vom Saft bis zur Paste.
Zubereitungs- und Kochzeit: 20 Minuten zum Rösten & 10 Minuten. Ergibt 6 – 8 Portionen (etwa 225 ml).

1 Knoblauchknolle
1 TL Olivenöl
175 g Guaven- oder Rotes-Johannisbeer-Gelee
2 EL Weißweinessig
1 TL Chilisauce (nach Belieben, für zusätzliche Schärfe)
1 TL frische Petersilie, gehackt
1 TL frischer Koriander, gehackt

1. Den Backofen auf 180 °C / Gas Stufe 4 vorheizen. Das oberste Stückchen der ganzen Knoblauchknolle abschneiden und das Olivenöl darüber gießen. Die Knolle in Alufolie einwickeln und 15 – 20 Minuten im Ofen rösten, bis sie weich ist.
2. Die einzelnen Knoblauchzehen aus ihren Schalen pressen und in einer Kasserolle zerdrücken. Alle anderen Zutaten (mit Ausnahme von Petersilie und Koriander) dazugeben. Umrühren und zum Köcheln bringen; darauf achten, dass das Guaven- bzw. Johannisbeergelee ganz zerlaufen ist.
3. Vor dem Servieren leicht abkühlen lassen und mit den gehackten Kräutern bestreuen.

Guaven-Vinaigrette

Dieses Rezept ähnelt der »Guaven-Dip-Sauce« (oben); in einer etwas abgewandelten Version eignet sie sich als Salat-Dressing.
Zubereitungs- und Kochzeit: 20 Minuten zum Rösten & 5 Minuten. Ergibt 4 Portionen (etwa 125 ml).

3 geröstete Knoblauchzehen (siehe oben), zerdrückt
3 EL Weißweinessig
2 EL Guaven- oder Rotes-Johannisbeer-Gelee
70 ml Olivenöl
1/2 EL frischer Oregano, fein gehackt
Salz & Pfeffer

1. Den weichen Knoblauch aus der Schale pressen, in eine Schüssel mit dem Essig geben und zerdrücken.
2. Das Gelee in einer kleinen Kasserolle zerlaufen lassen und in die Knoblauch-Essig-Mischung gießen.
3. Erst langsam das Öl und dann den Oregano, das Salz und den Pfeffer mit dem Schneebesen darunterrühren.

Tipp: Wenn Sie eine ganze Knoblauchknolle rösten, können Sie die übrigen Knoblauchzehen mit etwas weicher Butter zu einem schmackhaften Brotaufstrich vermischen.

Koriander-Vinaigrette

Dieses Dressing passt fantastisch zu Hähnchen-, Fisch- oder Meeresfrüchte- und Gemüsesalaten.
Zubereitungszeit: 10 Minuten. Ergibt 6 – 8 Portionen (etwa 150 ml).

2 TL brauner Zucker
70 ml Aceto Balsamico
1 EL Zitronensaft
125 ml Olivenöl
1 Knoblauchzehe, gepresst
1/2 TL Chilisauce
125 ml Koriander, fein gehackt
Salz & Pfeffer

1. Den Zucker und den Essig in einer Schüssel vermischen, bis sich der Zucker ganz aufgelöst hat.
2. Den Zitronensaft zugießen und dann erst das Öl, gefolgt von den restlichen Zutaten, langsam mit dem Schneebesen einrühren. Mit Salz und Pfeffer abschmecken.

Limetten-Vinaigrette

Dieses Dressing basiert auf einem Standardrezept für Vinaigrette, wobei ich hier aber Limettensaft anstelle von Essig verwende. Die ölige Basis wird von der Säure der Limette durchsetzt, die diese Vinaigrette zur idealen Ergänzung für jeden fruchtigen Salat macht.
Zubereitungszeit: 10 Minuten. Ergibt 4 – 6 Portionen (etwa 125 ml).

2 EL Limettensaft
2 TL Zucker
1 TL Dijon-Senf
1/2 TL Knoblauch, fein gehackt oder gepresst
1/2 TL Limettenschale, gerieben
70 ml Olivenöl
1 TL frischer Schnittlauch, fein geschnitten

1. Den Limettensaft, Zucker, Senf, Knoblauch und die Limettenschale mit einem Schneebesen vermischen.
2. Dann das Öl unter ständigem Rühren langsam zufügen. Unmittelbar vor dem Servieren den Schnittlauch zugeben und die Vinaigrette mit dem Salat vermengen.

Rote-Bete-Pickles mit Ingwer, Zimt & Pfeffer

Rote Bete ist sehr gesund und wirklich einfach zuzubereiten. Jamaikanischer Ingwer ist legendär für seinen intensiven Geschmack und sein Aroma. Er soll der Beste der Welt sein! Reichen Sie die Roten Bete als Beilage zu einem Hauptgericht oder mit anderen Salaten.

Zubereitungszeit: 15 Minuten & 45 – 60 Minuten zum Kochen. Ergibt 8 – 10 Portionen.

4 große Knollen Rote Bete
1 1/2 EL Zucker
1 TL frische Ingwerwurzel, gehackt
125 ml Zuckerrohressig oder destillierter (weißer) Malzessig
60 ml Wasser
1 Zimtstange
1/2 Scotch-Bonnet- oder andere scharfe Chilischote (nach Belieben)

1. Die Roten Bete in einem großen Topf mit Wasser 45 – 60 Minuten weich kochen.
2. Abkühlen lassen, schälen und in keilförmige Stücke schneiden. In einer Schicht in eine flache Schüssel legen.
3. Den Zucker, Ingwer, Essig und das Wasser erhitzen und zum Kochen bringen, dann die Zimtstange und die Chilischote, falls verwendet, hineingeben. Über die Roten-Bete-Stücke gießen und abkühlen lassen.

Tipp: Rote-Bete-Pickles können bis zu einem Monat im Kühlschrank aufbewahrt werden. Man muss jedoch berücksichtigen, dass sie durch die Chili mit der Zeit immer schärfer werden – also unbedingt vorsichtig probieren.

»Love-Apple«-Sauce (Tomatensauce)

Tomaten (auch »Love Apples« genannt) wachsen unter der karibischen Sonne zu einer wunderbaren süßen Reife heran. Die Verwendung von Honig zum leichten Süßen verleiht diesem Rezept auch ein orientalisches Element. Ich empfehle, sie zu »Maismehl-Kürbis-Fritters« (Seite 51) oder »Maismehl-Coo-Coo« (Seite 185) zu servieren, obwohl Sie wahrscheinlich auch viele andere Verwendungsmöglichkeiten finden werden. Die Sauce geht schnell und schmeckt klasse!
Zubereitungszeit: 10 Minuten. Ergibt 6 – 8 Portionen.

1 EL Butter
6 große, reife Tomaten, ohne Haut, entkernt und gehackt
1 – 2 EL Honig
Salz & weißer Pfeffer

1. Die Butter in einer kleinen Pfanne zerlaufen lassen. Die Tomaten, den Honig, Salz und Pfeffer zugeben.
2. Etwa 5 Minuten dünsten, bis die Tomaten weich sind. Warm servieren.

Tamarinden-Tatar

Die Verwendung von Tamarinden verleiht dieser klassischen Sauce eine völlig andere Dimension. Bereiten Sie viel davon zu – denn Sie werden nicht genug von ihr bekommen und nach immer mehr verlangen! Sie passt großartig zu vielen Fisch- und Hähnchengerichten.
Zubereitungszeit: 5 Minuten & 1 Stunde zum Ruhenlassen. Ergibt 6 – 8 Portionen (etwa 200 ml).

150 ml Mayonnaise
1 TL frischer Schnittlauch oder Estragon, gehackt
1 TL Kapern, gehackt
2 TL frische Petersilie, gehackt
2 TL Essiggurken, gehackt
1 EL Tamarindenpaste

1. Alle Zutatenvermischen und dann mindestens 1 Stunde ziehen lassen, damit sich alle Aromen verbinden können.

Tipp: Tamarindenpaste gibt es bereits fertig zu kaufen, sodass das Einweichen und Durchpassieren wegfällt. Wenn Sie sie doch frisch machen wollen, weichen Sie den Tamarindenblock zuerst ein und streichen ihn dann durch ein Sieb.

»Escoveitch«-Pickle-Sauce

Jamaika

In Essig eingelegtes Gemüse ist in vielen Küchen nichts Ungewöhnliches – bei uns auf den Karibischen Inseln finden sich natürlich die allgegenwärtigen Chilischoten darin. Man isst die Pickles als Beilage zu einer Hauptspeise oder verfeinert mit einem Löffel des pikanten Essigs ein beliebiges Gericht. Für »Escoveitch-Fisch« verwendet man sowohl die Flüssigkeit als auch die eingelegten Gemüsestückchen, um den gebratenen Fisch »einzupökeln«.

Ich erinnere mich an Pickle-Wettbewerbe auf Schulfesten, bei denen wir Karotten und Cho-Cho (Christophene)-Stückchen in Formen schnitten, um im Glas wunderbare Bilder zu zaubern: Augen aus Allspice-Beeren wurden in Gemüse-Fische gedrückt oder bunte Blumengärten kreiert.

»Escoveitch«-Sauce ist ein bunt zusammengewürfeltes Pickle, bei dem das Gemüse gewöhnlich in feine Streifen und die Zwiebeln und Chilischoten in Ringe geschnitten werden.

Zubereitungs- und Kochzeit: 15 Minuten. Ergibt ein Glas voll (das mehrere Monate hält).

625 ml Zuckerrohressig oder destillierter (weißer) Malzessig
1 Christophene, geschält, entkernt und in feine Streifen geschnitten
2 Karotten, geschält und in feine Streifen geschnitten
1 Zwiebel, in feine Ringe geschnitten
1 – 3 scharfe Chilischoten, entkernt und in Ringe geschnitten
2 EL Pimentbeeren
3 Knoblauchzehen
1 Prise Salz

1. Den Essig in einen nicht oxidierenden Topf gießen und alle Zutaten zugeben. Etwa 5 Minuten erhitzen und das Gemüse darin etwas weich werden lassen.
2. In ein großes Glas mit einem säurebeständigen Deckel geben und nach Lust und Laune verwenden. Dabei darauf achten, dass das Gemüse stets mit Essig bedeckt ist; falls nötig, aufgießen. Oder servieren Sie die Sauce gleich portionsweise (1 – 2 Löffel, je nach Belieben) sofort zu Fisch oder Hähnchen.

Chili-Sherry

Von ein paar ganzen Chilischoten die Stängel entfernen und die Schoten halbieren oder mit der Gabel oder einem Spieß einstechen. Dann einfach ein paar Tage in ihren Lieblings-Sherry oder -Rum einlegen. 1 Spritzer Chili-Sherry während des Kochens in Suppen oder Schmortöpfe geben. Wenn Sie der Versuchung nicht widerstehen können und eine Chilischote aufessen, können Sie wieder eine neue hineingeben. Chili-Sherry hält sich in einer gut verschlossenen Flasche etwa sechs Monate.

Chilischoten Die schärfsten Teile der Chilischote sind die weißlichen Häutchen und die Samen. Falls Sie nicht wirklich total verrückt nach Chili sind und sehr sehr viel Schärfe vertragen, empfehle ich Ihnen, die Schoten sorgfältig auszukratzen und die Samen und Häutchen zu entfernen, bevor Sie die Schoten zerschneiden. Seien Sie vorsichtig beim Umgang mit den kleinen Teufeln! Tragen Sie Gummihandschuhe und waschen Sie sich die Hände sorgfältig, sonst werden Sie weitaus mehr Grund zum Weinen haben als beim Zwiebelschneiden. Wenn Sie sich mit der Schärfe einmal vertan haben, sollten Sie mit Süßem oder Milchprodukten (zum Beispiel Joghurt) das Brennen im Mund lindern. Wasser wird den Schmerz nur verstärken – denn die Schärfe wird durch das Chiliöl verbreitet, das nicht wasserlöslich ist.

Der Verzehr von Chilischoten ist in heißen Ländern übrigens auch deshalb so beliebt, weil sie die Schweißproduktion anregen und demzufolge für eine willkommene Abkühlung des Körpers sorgen.

Grünes Chili-Paprika-Gelee mit Limetten

Zubereitungs- und Kochzeit: 30 Minuten. Ergibt etwa 450 g.

1 grüne Paprikaschote
3 grüne Habañero-Chilischoten
225 ml Zuckerrohressig oder destillierter (weißer) Malzessig
375 g Zucker
Saft von 2 Limetten
2 1/2 EL flüssiges Pektin
1 Limette, in feine Scheiben geschnitten und jede Scheibe erneut in Spalten unterteilt

1. Beim Umgang mit den Schoten unbedingt Gummihandschuhe tragen! Entfernen Sie zunächst Stängel, Häutchen und Samen aller Schoten und zerkleinern Sie dann die Paprika zusammen mit 2 der 3 Chilischoten und etwas Essig im Mixer.
2. Nun noch die restliche Chilischote von Hand sehr fein hacken und beiseite stellen.
3. Die Schoten mit dem Essig vermischen. Durch ein Sieb streichen und zum Zucker und Limettensaft in einen nicht oxidierenden Topf geben. Zum Kochen bringen. Die Wärmezufuhr reduzieren und etwa 10 Minuten köcheln lassen.
4. Das Pektin einrühren und den Topf von der Kochstelle nehmen. Das Gelee abkühlen und etwas eindicken lassen. Dann die zurückbehaltene, gehackte Chilischote und die Limettenstücke zufügen. Weiter fest werden lassen und dann kräftig umrühren, damit die Limetten- und Chilistückchen gleichmäßig im Gelee verteilt werden. Sonst steigen sie nach oben!
5. Das abgekühlte Gelee in ein steriles Glas füllen und keimfrei verschließen.

Chiligelee mit roter Paprika

Das ultimative scharf-süße Gewürz! Eine kleine Menge davon ersetzt perfekt jede Chilisauce.
Zubereitungs- und Kochzeit: 30 Minuten. Ergibt etwa 450 g.

1 rote Paprikaschote
3 Habañero-Chilischoten (1 zum Hacken zurückbehalten, die als Kontrast eine andere Farbe haben kann)
225 ml Zuckerrohressig oder destillierter (weißer) Malzessig
375 g Zucker
2 1/2 EL flüssiges Pektin

1. Entfernen Sie (mit Gummihandschuhen!) zunächst die Stängel, Häutchen und Samen aller Schoten, und zerkleinern Sie dann die Paprika zusammen mit 2 der 3 Chilischoten mit etwas Essig im Mixer oder in der Küchenmaschine.
2. Dann die restliche Chili von Hand sehr fein hacken und beiseite stellen.
3. Die Schoten mit dem Essig vermischen. Durch ein Sieb streichen und zum Zucker in einen nicht oxidierenden Topf geben. Zum Kochen bringen. Die Wärmezufuhr reduzieren und etwa 10 Minuten lang köcheln lassen.
4. Das Pektin einrühren und den Topf von der Kochstelle nehmen. Abkühlen und etwas eindicken lassen, dann die zurückbehaltene gehackte Chilischote einrühren.

Süßes

FRUCHTIGE SORBETS, VERLOCKENDE PUDDINGS & DELIKATE DESSERTS

Meine Schwester hatte einmal einen Kuchen für ein Familienwochenende auf dem Land gebacken. Er war wunderschön glasiert und mit bunten Zuckerstreuseln dekoriert. Während der Fahrt im heißen Auto verwandelte er sich jedoch zu einem surrealistischen Kunstwerk, das kaum mehr Begeisterung hervorrief. Und als wir dann noch feststellen mussten, dass nur das große Brotmesser in der Lage war, das delikate Backwerk zu »zersägen«, erntete meine arme Schwester jede Menge Spott und Gelächter. So viel ich weiß hat sie seither keinen Kuchen mehr gebacken …

Ich erzähle Ihnen das, weil so viele Leute Scheu vor dem Kochen und Backen haben, und schon ein einmaliges Scheitern die Freude am Kochen für ein ganzes Leben zerstören kann. Eigentlich absurd, wenn man bedenkt, wie viele Mahlzeiten wir in unserem Leben zu uns nehmen. Also, was soll's, wenn ein paar davon anbrennen, versalzen sind oder zu süß geraten (manche werden sagen, dass Letzteres gar nicht möglich ist)? Lassen Sie sich nicht entmutigen, wenn es mal schief gehen sollte! Beginnen Sie mit einfachen Gerichten und Ihr Selbstvertrauen wird stetig steigen. Irgendwann sind Sie dann auch bereit für anspruchsvolle Desserts!

Auf den Karibischen Inseln gibt es eine ungeheure Vielfalt an saisonalen Früchten, sodass es uns niemals an einer frischen süßen Versuchung fehlt. Dementsprechend oft bilden Früchte auch die Grundlagen einer Süßspeise. »Matrimony« etwa ist die Kreuzung von Grapefruit und Sternapfel, eine dunkle, runde Frucht in der Größe einer Orange mit einem milchigen, purpurfarbenen Fruchtfleisch. Wenn man sie quer durchschneidet, zeigen die Samen ein Sternmuster. Ananas sind in der Karibik zu Hause und Mangos (die aus Indien hierher gebracht wurden) wachsen in vielen Sorten und überall. Ich erinnere mich, wie wir während der Mangosaison in der Schule im Klassenzimmer saßen und an nichts anderes mehr dachten, als an die kleinen, grünen, extrem süßen und behaarten Mangos, die da drau-

ßen vor unserem Klassenzimmer an den Bäumen reiften. Die einzigen Berechnungen, die wir damals in der Mathematikstunde anstellten, waren, wie hoch die Früchte hingen und wie schnell man sie nach dem Läuten der Schulglocke würde erreichen können. Manche von uns horteten riesige Vorräte der Früchte unter der Bank, und während man so tat, als würde man etwas suchen, wurde schnell hineingebissen. Wenn man dann wieder auftauchte, hatte man haarige Zähne und einen gelben Schnurrbart. Die Guinep- oder Quenepasaison war in dieser Hinsicht wahrscheinlich noch schlimmer. Guineps oder Quenepas sind äußerst beliebte kleine runde Früchte, die in Trauben wachsen. Sie haben eine harte Haut, relativ wenig Fruchtfleisch und einen großen Kern. Man steckt eine Frucht in den Mund, befreit sie vom Fruchtfleisch und spuckt den Kern aus. Dann wird sogleich die nächste nachgeschoben. Die großen Bäume sind überall auf den Inseln verbreitet und wachsen wild.

Viele Desserts, die in der Karibik aufgetischt werden, haben eine lange Tradition. Manche kann man bis zu ihren europäischen Wurzeln zurückverfolgen: Weihnachtspuddings und dunkle Früchtekuchen sind beispielsweise weit verbreitet, vor allem natürlich auf den britisch geprägten Inseln. Und es ist Brauch, Früchte einzulegen. Die Quintessenz von Puddings und Früchtekuchen ist eine Mischung aus Mandelextrakt, Vanille und Rosenwasser. Durch den Zusatz von Rum, Angostura Bitter und einheimischen Likören verleihen wir unseren Desserts und Puddings seit langem noch mehr Aroma.

Andere Süßspeisen werden wiederum mit Kokosnuss zubereitet. Die traditionelle Verwendung von dicker, gesüßter Kondensmilch bei der Dessertherstellung geht auf eine Zeit zurück, als die Lagerung von Sahne noch problematisch war. Sie bildet etwa die Basis der stets beliebten »Flans«, die in der Karibik in großer Vielfalt zubereitet werden. Es gibt zudem eine vorzügliche Patisserie, vor allem auf den französisch geprägten Inseln, und die besten Hotels verfügen natürlich über wunderbare Chocolatiers und Patissiers, die unsere große Vorliebe für Süßes befriedigen und uns stets mit neuen Köstlichkeiten überraschen.

Bei aller Vorliebe für Desserts – denken Sie immer an die Worte von Miss Piggy, die so schön sagte: »Essen Sie nichts, das Sie nicht heben können!«

»Ananas-Mojito« mit Minzzucker

Auf den Karibischen Inseln ist die Ananas in den unterschiedlichsten Formen und Größen anzutreffen: Auf Guadeloupe gibt es große konische Früchte, die sich wesentlich von den runden puertoricanischen unterscheiden. Die Ananas auf dem jamaikanischen Wappen symbolisiert Freundschaft und Gastlichkeit. Diese einheimische Frucht wurde Kolumbus von den eingeborenen Indianern bei seinem »Entdeckungs«-Besuch auf den Inseln dargeboten und trat erst später, nachdem sie langsam in die europäische und amerikanische Gesellschaft Einzug gehalten hatte, ihren Siegeszug als kulinarischer Höhepunkt an. Ich kenne jedenfalls nichts, was mit einer kalten, frisch geschälten, süßen und saftigen Ananas vergleichbar wäre.

Das folgende Rezept wurde von Jamie Olivers Version inspiriert. Es ist ebenso grandios wie einfach.

Zubereitungszeit: 15 Minuten & 30 Minuten zum Kühlen. Ergibt 4 – 6 Portionen.

1 große Ananas, geschält, das harte Mittelstück entfernt und in etwa 5 cm große Stücke geschnitten

70 ml Rum (nach Belieben etwas mehr oder weniger)

1 Bund frische Minze, die Blätter abgezupft

75 g Zucker

1. Die Ananasstücke mit dem Rum in eine Glasschüssel geben und etwa 30 Minuten kalt stellen.
2. Die Minze und den Zucker in den Mörser geben. Die Blätter mit dem Zucker zerstoßen, bis sie gut zerkleinert sind.
3. Kurz vor dem Servieren die Ananas aus der Kühlung nehmen und gegebenenfalls überschüssige Flüssigkeit abgießen. Mit dem Minzzucker vermischen und sofort servieren, um die knusprig-körnige Struktur des Zuckers voll genießen zu können. Das duftet und schmeckt einfach super! Glauben Sie mir: Die Ananas wird im Nu verschwunden sein!

Tropischer Fruchtsalat mit Eiscreme & heißem Zitrussirup

Chilischoten im Fruchtsalat mag etwas seltsam anmuten; und richtig: der Geschmack überrascht ein wenig. Ihr Mund wird sich vielleicht zusammenziehen – aber es ist durchaus ein Genuss! Wenn Ihnen das zu gefährlich klingt, können Sie die Chili auch weglassen. Aber es wäre schade ... Servieren Sie dazu Vanilleeis.

Zubereitungs- und Kochzeit: 20 Minuten. Ergibt 4 Portionen.

1/2 kleine Ananas, geschält und das harte Mittelstück entfernt

1 Mango, geschält und ohne Kern

2 Bananen, geschält und mit Limettensaft beträufelt, damit sie sich nicht verfärben

1 kleine Papaya, geschält und entkernt

1/2 mittlere Wassermelone, vorbereitet und entkernt (etwa 450 g)

Vanilleeis, zum Servieren

frische Minze, zum Garnieren

Für den heißen Zitrussirup:

Saft von 2 Orangen

Saft von 1 Limette

125 g brauner Zucker

1 EL dunkler Rum

1/2 TL Chili, sehr fein gehackt, z. B. Scotch-Bonnet (nach Belieben)

Orangen- und Limettenschale, gerieben

1. Alle Früchte in etwa 2,5 cm große Würfel schneiden, in eine Schüssel geben und leicht durchmischen.
2. Den Orangen- und Limettensaft durch ein Sieb streichen (Sie benötigen insgesamt etwa 225 ml).
3. Alle Zutaten für den heißen Zitrussirup mit Ausnahme der geriebenen Schale in eine beschichtete Pfanne geben. Unter Rühren 5 – 10 Minuten erhitzen und etwas reduzieren.
4. Den Fruchtsalat auf großen Desserttellern portionsweise anrichten, jeweils 1 Kugel Vanilleeis dazugeben und mit der warmen Sauce übergießen. Die geriebene Schale darüber streuen und mit etwas frischer Minze dekorieren.

Tipp: Wählen Sie Ihre eigene Fruchtkombination. Sollten Sie das Dessert nicht mit warmem Sirup servieren wollen, können Sie auch eine Eiskugel formen, in die sie – neben den Früchten – auch essbare Blüten zur Deko eingefroren haben.

Grapefruit & Angostura-Bitter-Sorbet

Die Fülle an exotischen Früchten und das heiße Klima der Karibischen Inseln sind der ideale Rahmen für erfrischende Fruchtsorbets. Wenn Sie ein wirklich gleichmäßiges und glattes Sorbet servieren wollen, werden Sie sich eine Eis- oder Sorbetmaschine anschaffen müssen. Ich meine aber, dass ein von Hand hergestelltes Sorbet mit einer mehr an »gefrorenes Fruchteis« erinnernden Konsistenz ebenso gut schmeckt und gleichermaßen erfrischt.
Zubereitungszeit: 30 Minuten & 6 Stunden zum Tieffrieren. Ergibt etwa 1,5 Liter.

Für die Zuckersirup-Grundlage (ergibt 400 ml):
250 g Zucker
400 ml Wasser

Für das Sorbet:
Saft von 4 reifen rosa Grapefruits
Saft von 2 großen Orangen
Angostura Bitter
Saft von 1 Limette

1. Zuerst wird der Zuckersirup als Grundlage hergestellt. Dazu den Zucker in einer Kasserolle mit starkem Boden bei geringer Wärmezufuhr im Wasser auflösen, dann bei hoher Temperatur ein paar Minuten kochen lassen. Von der Kochstelle nehmen und zum Abkühlen beiseite stellen. Im Anschluss etwa 1 Stunde im Kühlschrank aufbewahren.
2. Nun den Fruchtsaft und den gekühlten Sirup miteinander vermischen, dann ein paar Spritzer Angostura Bitter sowie den Limettensaft einrühren.
3. In einem flachen Gefäß für 3 – 4 Stunden ins Tiefkühlfach stellen. Während dieser Zeit muss die Mischung mit einem Elektroquirl oder von Hand zwei- oder dreimal durchgerührt werden. (Sollten Sie doch eine Eismaschine verwenden, müssen Sie die Masse so lange rühren, bis sie fast fest ist. Dann in einen Plastikbehälter füllen und im Tiefkühlfach erstarren lassen.)
4. Das fertige Sorbet in Kugeln, »Spänen« oder einer anderen Form nach Belieben servieren.

Wassermelonen-Sorbet Sie benötigen 2 – 2 1/2 kg Fruchtfleisch für 500 ml Saft. Das Fruchtfleisch der Wassermelone aus der Schale lösen, entkernen und zerkleinern. Dann im Mixer pürieren und durch ein Sieb streichen. 400 ml Zuckersirup dazugießen und dann nach obiger Anleitung gefrieren lassen. Mit in Streifen geschnittenen Minzeblättern servieren.
Granatapfel- & Rosenwasser-Sorbet Zur Herstellung von 500 ml Saft brauchen Sie 8 Granatäpfel. Vierteln und die Fruchtkerne auslösen. Darauf achten, dass sich keine gelben Häutchen, die bitter schmecken, zwischen den Kernen befinden. Die Fruchtkerne in einem Mixer zerkleinern und die entstandene flüssige Masse durch ein Sieb streichen, um alle Kerne zu entfernen. 400 ml Zuckersirup, 1 EL Rosenwasser und den Saft von 1 Limette zugeben. Nach obiger Anleitung gefrieren lassen.
Mango-Sorbet Sie benötigen 4 große saftige Mangos, um 500 ml Püree herzustellen. Dazu die Mango schälen, das Fruchtfleisch zerkleinern und im Mixer pürieren. Als Alternative können Sie Mangopüree aus der Dose verwenden. Fügen Sie 400 ml Zuckersirup und den Saft von 1 Limette hinzu und folgen Sie den obigen Anweisungen zum Tieffrieren.

»Mokka-Flan«

Wenn Sie Desserts mögen, werden Sie dieses hier mit Sicherheit lieben! Das exquisite Aroma des Blue-Mountain-Kaffee, oder eines anderen Mokkas und die seidige Struktur des cremigen »Flans« sind einfach eine großartige Kombination.

Zubereitungszeit: 1 Stunde & 45 Minuten zum Backen & 2 Stunden zum Abkühlen. Ergibt 8 Portionen.

225 g Zucker
6 Eier
2 Eigelbe
600 ml Schlagsahne
Mark von 1 Vanilleschote
125 ml sehr starker, schwarzer Blue-Mountain-Kaffee aus Jamaika oder ein anderes Mokkapulver

1. Den Backofen auf 180° C / Gas Stufe 4 vorheizen.
2. Zunächst müssen Sie den Karamellsirup herstellen: Dazu die Hälfte des Zuckers in einer Pfanne mit starkem Boden bei geringer Wärmezufuhr 10 – 15 Minuten erhitzen, bis der Zucker flüssig und goldbraun geworden ist. Die Pfanne geneigt halten und darauf achten, dass der Zucker nicht anbrennt, während er schmilzt.
3. Den Karamellsirup auf den Boden einer Flanform (Durchmesser etwa 20 cm) gießen. Beiseite stellen, während Sie den Pudding zubereiten.
4. Die Eier und zusätzlichen Eigelbe, Schlagsahne, Vanillemark und den restlichen Zucker in einer mittleren Kasserolle miteinander vermischen und bei geringer Wärmezufuhr unter ständigem Rühren so lange kochen, bis die Mischung so dick ist, dass sie an der Rückseite eines Löffels haften bleibt.
5. Von der Kochstelle nehmen und den Kaffee einrühren.
6. In die Flanform gießen. Diese in eine Backform oder eine Reine setzen und mit so viel warmem Wasser auffüllen, dass die Seiten der Flanform bis zur halben Höhe bedeckt sind. Die Backform/Reine auf der mittleren Schiene ins Rohr schieben und den Flan etwa 45 Minuten stocken lassen.
7. Vorsichtig aus dem Ofen herausholen und abkühlen lassen. Dann auf eine Servierplatte stürzen. Stellen Sie den Flan ein paar Stunden kühl, bevor Sie ihn servieren.

Echtes Vanille-Eis & andere kalte Köstlichkeiten

Das ultimative Vanilleeis – einfach herrlich sahnig und cremig! Für all jene, die ihre Kalorien zählen, ist diese Delikatesse definitiv ungeeignet …

Zubereitungs- und Kochzeit: 20 Minuten & 1 Stunde zum Abkühlen & über Nacht zum Tiefkühlen. Ergibt 750 ml.

225 ml Vollmilch
600 ml Sahne
1 Vanilleschote, aufgeschlitzt
6 Eigelbe
225 g Zucker

1. Die Milch und die Sahne in eine Kasserolle gießen, die Vanilleschote auskratzen, das Mark in die Flüssigkeit geben und dann auch die Schote hinzufügen. Die Mischung sehr sanft erhitzen (bis sie am Rand zu sprudeln beginnt), aber nicht zum Kochen bringen. Von der Kochstelle nehmen und etwas abkühlen lassen.
2. Die Eigelbe und den Zucker in einer Schüssel mit dem Schneebesen schaumig schlagen. Die Milch-Sahne-Mischung unter ständigem Rühren langsam hinzufügen.
3. Die Masse wieder in die Kasserolle geben. Bei geringer Wärmezufuhr und unter ständigem Rühren mit einem hölzernen Kochlöffel mindestens 15 Minuten oder so lange kochen, bis sie so dick ist, dass sie auf der Rückseite des Kochlöffels anhaftet. Vorischt, gerinnt leicht! Von der Kochstelle nehmen und etwa 1 Stunde lang abkühlen lassen.
4. Die Vanilleschote herausnehmen, die abgekühlte Masse in eine Eismaschine geben und nach den Anweisungen des Herstellers so lange gefrieren lassen, bis sie fest ist. Falls Ihnen keine Eismaschine zur Verfügung steht, füllen Sie die abgekühlte Masse in eine Metallschüssel und stellen sie 2 1/2 Stunden oder so lange ins Tiefkühlfach, bis die Mischung an den Rändern zu gefrieren beginnt. Dann mit einem elektrischen Handrührgerät ein paar Minuten lang durchrühren, und erneut für 3 – 4 Stunden oder über Nacht tiefgefrieren.

Kokosnusseis Ersetzen Sie 200 ml der Schlagsahne durch 200 – 250 ml dicke Kokosmilch.
Mokkaeis Ersetzen Sie die Milch durch 225 ml jamaikanischen Blue-Mountain-Kaffee oder einen anderen starken Kaffee. Wenn das Eis etwas Struktur haben soll, geben Sie auch 1 EL Kaffeepulver oder grob gemahlene Kaffeebohnen hinein.
Ingwereis Geben Sie 175 g fein gehackte Ingwerwurzel vor dem Tieffrieren in die Vanilleeis-Mischung.

Tipp: Lust auf ein schnelles Dessert? Dann verfeinern Sie ein wenig Vanilleeis mit ein paar Spritzern Angostura Bitter und streuen geröstete Mandelsplitter darüber – fantastisch!

Mango-Tarte

Diese Tarte wird Ihnen problemlos gelingen. Allerdings benötigen Sie eine Pfanne mit Metallgriff, um sie ins Rohr stellen zu können. Ich habe hier tiefgekühlten Blätterteig verwendet, der selbst gemachten wunderbar ersetzt und die Zubereitungszeit erheblich verringert.

Zubereitungszeit: 15 Minuten & 25 Minuten zum Backen. Ergibt 6 Portionen.

4 Mangos, geschält und in Scheiben geschnitten
60 g Butter
150 g Zucker
225 g tiefgekühlter Blätterteig, leicht aufgetaut
Mehl zum Ausrollen

1. Die Mangoscheiben in ein Sieb geben und (falls sie sehr saftig sind oder aus der Dose kommen) gut abtropfen lassen.
2. Den Backofen auf 200° C / Gas Stufe 6 vorheizen.
3. Die Butter in einer Pfanne (Durchmesser 20 cm) zerlaufen lassen. Den Zucker zugeben und ohne umzurühren bei mittlerer Temperatur langsam schmelzen lassen. Damit es leichter geht, die Pfanne öfter neigen.
4. Wenn der Zucker eine goldene Farbe angenommen hat, die Mangoscheiben dazugeben und die Wärmezufuhr erhöhen. Die Mangos setzen sehr viel Flüssigkeit frei. Deshalb müssen sie 10 – 15 Minuten unter häufigem Umrühren gedünstet werden, bis die Flüssigkeit verdampft und die Sauce dick und karamellähnlich geworden ist. Von der Kochstelle nehmen.
5. Inzwischen den Blätterteig auf der bemehlten Arbeitsfläche so großflächig ausrollen, dass er die Mangos mehr als bedecken kann. Legen Sie den Teig über die Mangos in der Pfanne und drücken Sie ihn an den Rändern nach unten. In der Mitte ein Loch machen.
6. Schieben Sie die Pfanne auf der mittleren Schiene ins Rohr und backen Sie die Tarte 20 – 25 Minuten lang.
7. Aus dem Ofen nehmen, ein paar Minuten stehen lassen. Auf eine große Platte stürzen und mit Vanilleeis servieren.

Tipp: Wenn das Gebäck beginnt zu braun zu werden, bevor es fertig gebacken ist, decken Sie es mit Alufolie zu.

Kleine Rum-Schoko-Puddings

Diese kleinen Puddings sind ein sensationelles Dessert für eine Essenseinladung. Der einzige Haken an der Sache ist, dass man sie erst kurz vor dem Servieren backen kann und es deshalb auf das Timing ankommt. Aber selbst ein einziger Bissen dieser herrlichen Süßspeise lohnt der Mühe!
Zubereitungszeit: 15 Minuten & über Nacht zum Kaltstellen & 15 Minuten zum Backen.
Ergibt 6 Portionen.

5 Eier, 5 Eigelbe
125 g Zucker
225 g dunkle Schokolade (70 % Kakaoanteil), zerkleinert
225 g Butter
4 EL Rum
100 g Weizenmehl
Butter zum Einfetten der Förmchen
Puderzucker, zum Dekorieren

1. Die Puddings werden bereits einen Tag, bevor sie serviert werden sollen, vorbereitet. Zunächst die Eier, Eigelbe und den Zucker schaumig rühren.
2. Die Schokolade zusammen mit der Butter in einer feuerfesten Schüssel über einem zur Hälfte mit heißem Wasser gefüllten Topf unter gelegentlichem Rühren langsam zerlaufen lassen.
3. Von der Kochstelle nehmen, den Rum zugießen und dann die Eimischung langsam unter ständigem Rühren daruntermischen. Schließlich noch das Mehl einrühren.
4. Die Puddingmasse in gefettete Förmchen zu je 180 ml gießen, mit Plastikfolie zudecken und über Nacht im Kühlschrank aufbewahren.
5. Am nächsten Tag den Backofen auf 180° C / Gas Stufe 4 vorheizen. Die Puddings auf ein Backblech stellen und auf der mittleren Schiene 10 – 15 Minuten oder so lange backen, bis sie in der Mitte aufgehen und trocken aussehen. Das müssen Sie regelmäßig kontrollieren.
6. Auf kleinen Desserttellern mit Puderzucker bestreut sofort servieren. Sündig!

Stachelannonen-Creme mit gedünsteten Guaven

Alex Kerr-Wilsons Liebe zur Stachelannone ist es zu verdanken, dass wir das Rezept für dieses himmlische Dessert in London zusammenstellen konnten. Die Stachelannone (Sauersack) ist eine große, stachelige grüne Frucht mit weißem Fruchtfleisch, das von dunklen Kernen durchsetzt ist. Es ist zu säuerlich, um einfach so gegessen zu werden. Man streicht das Fruchtfleisch durch ein Sieb und fängt den dicken Saft auf. Dieser dient gesüßt als Grundlage für aromatische Getränke, Eiscreme oder Desserts. Sollten Sie keine frischen Früchte bekommen, können Sie auch Stachelannonenpüree aus der Dose (gibt es in Asia-Läden) verwenden. Auch Guaven aus der Dose sind eine akzeptable Alternative.

Zubereitungszeit: 30 Minuten & 3 Stunden zum Kaltstellen. Ergibt 8 –10 Portionen.

225 ml Stachelannonen-Püree (1 frische Stachelannone oder Früchte aus der Dose)
600 ml Sahne
200 g Zucker
Saft und geriebene Limettenschale (keine weißen Häutchen)
2 TL Vanilleessenz
6 TL Gelatinepulver
600 ml griechischer Joghurt (oder saure Sahne)

Für die gedämpften Guaven:
4 kleine Guaven
60 ml Wasser
1 EL Zucker
125 ml Guaven-Gelee (oder Rotes-Johannisbeer-Gelee)
Schale von 1 Limette, in Streifen abgezogen, oder frische Minzezweiglein, zum Garnieren

1. Das Fruchtfleisch der Stachelannonen auslösen. Mit einem hölzernen Kochlöffel oder einem Spatel durch ein Sieb streichen und in einer Schüssel auffangen. Die Samen und grobe Fruchtfleischbrocken entfernen.
2. Die Sahne und den Zucker mit der Limettenschale und der Vanilleessenz erhitzen. Ein paar Minuten köcheln lassen. Von der Kochstelle nehmen und abgießen, um die Limettenschale zu entfernen.
3. Die Gelatine im Limettensaft einweichen und dann in die heiße Sahne einrühren. Den Joghurt und das Stachelannonenpüree mit dem Schneebesen unterrühren, bis sich alles gleichmäßig verbunden hat.
4. Die Mischung in eine große 2-Liter-Form oder kleinere Auflaufformen füllen. Gut 5 Stunden oder so lange kalt stellen, bis die Creme fest geworden ist. Dann die Ränder lockern, indem Sie die Form/en vorsichtig in heißes Wasser tauchen, sodass die Creme an den Seiten etwas schmilzt und aus der Form/den Formen gelöst werden kann.
6. Die frischen Guaven schälen und halbieren. Die Kerne entfernen und die Früchte in mundgerechte Stücke schneiden.
7. Die Guaven in einer Kasserolle mit 60 ml Wasser und 1 EL Zucker 5 – 10 Minuten dünsten. Wenn sie weich sind, das Gelee zufügen und erhitzen, bis es flüssig wird. (Guaven aus der Dose sind bereits in Sirup gedünstet, so dass man sie nur noch abgießen, von den Kernen befreien und in Stücke schneiden muss.) Die Guaven in das flüssige heiße Gelee geben.
8. Die Guaven mit der warmen Sauce neben der kalten Stachelannonen-Creme anrichten. Mit Limettenschale oder Minzeblättchen garnieren.

Tipp: Diese Creme kann ein paar Tage im Kühlschrank aufbewahrt werden.

HAY
COCOS

Getränke

TOLLE DRINKS – MIT & OHNE ALKOHOL

Die Karibischen Inseln wurden nicht zuletzt auch durch ihren Rum berühmt. Zahlreiche Produktionsstätten entstanden im Umkreis der Zuckerplantagen, da Rum aus Melasse destilliert wird. Diese enge Verbindung bestand bereits zur Zeit der Piraten, Freibeuter und Schatzinseln. »Yo ho ho – und eine Flasche Rum!« Barbados blickt beispielsweise auf eine 350jährige Tradition in der Rumherstellung zurück. Aber Rum ist nicht gleich Rum: Es gibt große Unterschiede etwa zwischen dem jamaikanischen »Appleton«, dem haitianischen »Barbancourt«, »Angostura« aus Trinidad, puertoricanischem »Don Q« oder dem »Mount Gay« aus Barbados, um nur einige wenige zu nennen. Und dann gibt es natürlich noch den Bacardi, der eigentlich aus Kuba stammt und jetzt auf Puerto Rico produziert wird.

Rum gehört zu jenen Getränken, die Puristen keinesfalls vermischt sehen wollen. Die guten reifen Jahrgänge, die über zehn Jahre alt sind und (wie edler Cognac) in Eichenfässern gelagert wurden, sollte man auch wirklich nicht durch Cola, Kokoswasser, Maraschino-Kirschen, Papierschirmchen und dergleichen entweihen. Es ist eher der jüngere Rum, der für Drinks wie Punch, Daiquiri, Mojito und Piña Colada verwendet wird. Zum Kochen wiederum ist dunkler Rum am besten geeignet. Richtig guten weißen Rum finden Sie in jeder klassischen Rum-Bar auf den Inseln. Auf Jamaika ist »Wray« und »Nephew's White 126 Overproof« so ungeheuer beliebt (super für »Rum-Punch«!), dass man ihn nicht nur in der Hausbar, sondern auch in der Hausapotheke der meisten Privatleute finden wird. Wenn wir Kinder krank waren, rieben uns unsere Mütter und Großmütter am ganzen Körper mit »Overproof«-Rum ein, um das hohe Fieber zu senken. Bei einer so raschen Verdampfung funktioniert das tatsächlich ...

Neben dem Rum kommt auch so mancher weltberühmte Likör aus der Karibik, darunter beliebte Marken wie »Tía María« und »Curaçao«, die in keiner gut bestückten Bar fehlen dürfen. Die Karibischen Inseln sind aber auch stolz auf ihre international geschätzten Biersorten wie »Red Stripe« und »Carib.« Und wir liegen wahrscheinlich nicht weit hinter den Iren, was unseren Konsum an

Stout wie »Guinness« und »Dragon« betrifft. Das servieren wir aber in der Regel erst abends! Den Tag beginnt man traditionell mit einem warmen, nicht-alkoholischen Getränk!

Kaffee, Tee und Kakao Unter »Tee« verstehen wir alle Arten von Aufgussgetränken: So gibt es »Bush Tea« (jedes Aufgussgetränk aus kochendem Wasser und Heilkräutern), »Green Tea« (aus echten Teeblättern zubereitet) »Cocoa Tea« (heiße Schokolade) und »Coffee Tea« (Kaffee). Man muss sich also recht präzise ausdrücken. Kaffee wird auf den Karibischen Inseln seit dem 18. Jahrhundert kommerziell angebaut, wobei Martinique damals den Anfang machte. Die bekanntesten Kaffeeproduzenten sind heute Jamaika, Kuba, die Dominikanische Republik und Puerto Rico. Hier erzielt er die höchste Qualität. Der jamaikanische Blue-Mountain-Kaffee gilt zum Beispiel als einer der besten der Welt und wird zu Spitzenpreisen verkauft.

Auf den spanischsprachigen Inseln trinkt man »Café con Leche« mit heißer Milch zum Frühstück oder »Café Cubano« in einer kleinen Tasse mit viel Zucker, der einem Espresso ähnelt. Auf Jamaika gibt man häufig Kondensmilch oder sogar Kokosmilch in den Kaffee. Interessanterweise wird in der Karibik auch erstaunlich viel Instantkaffee verwendet. Scheinbar ziehen die Menschen die Bequemlichkeit dem guten Geschmack vor.

Kakao wird auf den Inseln seit vielen Jahren angebaut, die Produktion fiel jedoch der mit der Globalisierung verbundenen Preispolitik zum Opfer. Auf Jamaika wurde die Kakaopflanze erst 1687 von Lord Sloane entdeckt, als er die Pflanzen der Inseln katalogisierte. Er entwickelte und erwarb das Patent für das, was man heute als Milchschokolade kennt. Kakao ist – ebenso wie Kaffee – auf den Inseln nicht nur als Getränk, sondern auch als Backzutat sehr beliebt.

Und außerdem … gibt es noch eine ganze Reihe beliebter »Kraft«- oder »Gesundheitsdrinks«, wie Rote-Bete-Saft, einen Algentrunk aus »Sea Moss« oder Getränke aus verschiedenen Wurzeln und Kräutern. Aber lassen Sie sich von den »gesunden« Zutaten nicht täuschen, denn solche Mixturen können es ganz schön in sich haben! Zu den kuriosesten Dingen an vielen karibischen Drinks und deren Abwandlungen gehören aber weniger die Zutaten, als vielmehr ihre Namen wie »Sex on the Beach«, »Dirty Banana«, »Granny Cratch Cratch«, »Front End Lifter« und viele andere, wobei die Anspielungen wohl mehr als eindeutig sind.

Starke, kräftige Drinks

Mojito *1 Drink*

frische Minzezweiglein

1/2 Limette, in zwei Teile geschnitten

2 EL Zucker

Eiswürfel

Clubsoda (Sodawasser)

50 ml »Havana Club«-Rum

1. Die ersten drei Zutaten in ein Highball-Glas geben und mit einem Löffel vermischen und zerstoßen. Eis, Soda und Rum zugeben und gut verrühren.

Poncha Crema *12 Drinks*

2 Eier, verquirlt

Schale von 1/2 Limette, gerieben

1 Dose ungesüßte Kondensmilch

180 ml gesüßte Kondensmilch

350 ml Angostura Rum

zerstoßenes Eis

ein Spritzer Angostura Bitter

Muskatnuss, frisch gerieben

1. Die Eier, Limettenschale, gesüßte und ungesüßte Kondensmilch 30 Sekunden lang im Mixer verrühren.
2. Das Eis auf zwei kleine Gläser verteilen und die Mischung darüber gießen.
3. Nach Belieben Bitter und Muskatnuss darüber geben.

Cuba Libre *1 Drink*

Eiswürfel

50 ml »Havana Club«-Rum

Cola

Limettenachtel, zum Dekorieren

1. Die Eiswürfel in ein hohes Glas geben, den Rum darüber gießen, mit Cola auffüllen und mit einem Limettenachtel dekorieren.

Frozen Daiquiri *1 Drink*

50 ml »Bacardi«-White-Rum

25 ml Limettensaft

1 TL Zucker

zerstoßenes Eis

1. Den Rum, Limettensaft und Zucker in einen Mixer geben. Das zerstoßene Eis dazugeben und im Mixer gut verrühren. Der Daiquiri muss so dick sein, dass der Strohhalm stehen bleibt.

Piña Colada *1 Drink*

50 ml »Don Q«-Rum

25 ml Kokoscreme

25 ml Sahne

60 ml Ananassaft

zerstoßenes Eis

1 Stück Ananas mit Schale, zum Dekorieren

1. Alle Zutaten mit dem Eis vermischen und in ein großes Stielglas geben. Mit dem Ananasstück dekorieren.

CUSTOMS
ACKERMAN
FREEPORT
Gallery Eighty-Six
BLUE MARLIN

Blue Lagoon *1 Drink*

30 ml Blue Curaçao

30 ml Wodka

Eiswürfel

(echte) Limonade

1 Maraschinokirsche

1. Den Curaçao und Wodka in ein hohes Glas auf Eis gießen, mit der Limonade auffüllen und mit der Kirsche garnieren.

Blue Velvet *1 Drink*

60 ml »Tía María«-Kaffeelikör

60 ml Kokosmilch

30 ml Sahne

60 ml starker jamaikanischer Blue-Mountain-Kaffee

Eiswürfel

Kaffebohnen zum Dekorieren

1. Die Zutaten in ein altmodisches Glas auf Eis gießen und vermischen. Mit den Kaffeebohnen krönen.

Rum-Punch *2 Drinks*

Merken Sie sich die Zusammensetzung in dieser Reihenfolge: »1 x sauer, 2 x süß, 3 x stark und 4 x schwach!«

30 ml frischer Limettensaft

60 ml Zuckersirup

80 ml »Wray and Nephew White Overproof«-Rum (oder ein anderer Rum)

125 ml Orangen- oder ein anderer frischer Fruchtsaft

2 Spritzer Angostura Bitter

Eiswürfel

Limettenscheiben

2 Maraschinokirschen

1. Alle Zutaten gut vermischen und mit Eis in hohen Gläsern servieren, die mit 1 Limettenscheibe und 1 Maraschinokirsche verziert werden. Hier dürfen Sie sich beim Dekorieren austoben – auch gegen Papierschirmchen ist in diesem Fall nichts einzuwenden!

Ti-Punch *1 Drink*

1/2 Limette, in Scheiben geschnitten

1 TL Zucker

50 ml Rum

1. Die Limette und den Zucker in ein Glas geben und den Rum zugießen.

Sanfte, milde, ruhige Drinks

Ich kann hier leider nicht alle Rezepte für wunderbar frische Frucht-, Gemüse- oder Kräutersäfte aufschreiben, die es auf den Karibischen Inseln gibt. Die Folgenden gehören zu meinen Favoriten:

Karottensaft-Limetten-Saft *4 – 6 Drinks*

650 g Karotten (etwa 8 Stück)

1 cm frische Ingwerwurzel

675 – 900 ml Wasser

Saft von 3 – 4 Limetten

etwa 125 g Zucker

1. Die Karotten und den Ingwer im Ganzen im Entsafter verarbeiten oder erst schälen, zerkleinern und im Mixer oder einer Küchenmaschine pürieren.
2. Das Wasser, den Limettensaft und so viel Zucker wie gewünscht zugeben.
3. Das im Mixer entstandene Püree durch ein Sieb streichen. Vor dem Servieren kalt stellen.

Stachelannonen-Saft *4 Drinks*

650 – 900 g reife Stachelannonen

450 ml Wasser

2 – 4 EL Kondensmilch

1 Prise Muskatnuss, frisch gerieben

1/4 TL Vanilleessenz

1. Die Stachelannonen schälen und das Fruchtfleisch in ein Sieb geben. Mit einem hölzernen Kochlöffel durchpassieren, bis Sie möglichst viel dicken Saft gewonnen haben. Mit etwa 400 ml Wasser die letzten Reste des Fruchtfleisches durch das Sieb streichen und den Saft etwas verdünnen. Die Kerne und Reste entfernen.
2. 2 EL Kondensmilch zufügen und kosten. Den Saft nach Belieben noch mehr verdünnen oder nachsüßen. Den Muskat und die Vanille zugeben. Kühl servieren.

Limetten-Squash *1 Drink*

45 ml frischer Limettensaft

1 – 2 EL Zucker

1 Glas Clubsoda (Sodawasser)

Eiswürfel, zum Servieren

1 Maraschinokirsche (nach Belieben), zum Dekorieren

1. Den Limettensaft in ein Glas gießen und mit dem Sirup oder Zucker nach Belieben süßen. Das Sodawasser zufügen und dann auf Eiswürfel in ein hohes Glas gießen. Mit einer Maraschinokirsche dekorieren.

Rosella & Ingwer *8 – 10 Drinks*

Der Rosella-Drink ist leuchtend rot und wird aus den Blütenkelchen der Rosella-Pflanze zubereitet. Er ist sehr erfrischend und kann mit oder ohne Rum serviert werden. Man trinkt ihn vor allem um die Weihnachtszeit.

1 Orange (unbehandelt)

25 g getrocknete Rosella-Blütenkelche

1 Stück Zimtstange, 7,5 cm lang

6 Nelken

1 EL frische Ingwerwurzel, geschält und gehackt

450 g Zucker

1,75 l kochendes Wasser

6 EL »Appleton«-Rum (nach Belieben)

zerstoßenes Eis, zum Servieren

1. Die Orange vorsichtig fein schälen und die Schale in dünne Streifen schneiden.
2. Alle Zutaten (bis auf Wasser und Rum) in einen großen, nicht oxidierenden Behälter geben. Das kochende Wasser darüber gießen, zudecken und über Nacht ziehen lassen.
3. Durch ein Sieb gießen und, falls verwendet, so viel Rum wie gewünscht zufügen.
4. In ein Bowlegefäß oder einen Glaskrug füllen. Auf zerstoßenem Eis servieren.

Feste & MENÜPLANUNG

Ein gutes Essen schmeckt in der richtigen Atmosphäre gleich noch mal so gut. Egal ob es einfach und rustikal oder vornehm und festlich ist, mir kommt es vor allem darauf an, dass es dabei fröhlich zugeht und viel gelacht wird. Vor nicht allzu langer Zeit erlebte ich auf Guadeloupe ein wunderbares Essen mit neuen Freunden, das unter dem Wellblechdach eines einfachen Lokals mitten in einem Zuckerrohrfeld stattfand. Zunächst machten wir uns selbst einen leckeren »Ti-Punch« (Rum, Zucker und Limette) an der offenen Bar. Das ist dort so etwas wie ein kleines Ritual vor dem Essen, woran man sich sehr schnell gewöhnt. Marie-France, ich hatte sie auf dem Flug kennen gelernt, hatte ihre Freunde zusammengetrommelt, die nach und nach eintrudelten und ebenfalls erst einmal einen Drink nahmen. Anschließend bestellten wir uns die verschiedensten Gerichte. Wir teilten uns leckeren »Morue à l'Oignon« (Salzfisch & Reis mit Zwiebeln), Linsentopf und köstlichen »Court Bouillon de Poisson« (ganze rote Schnapper in Tomatensauce, Seite 97), eines der klassischen Gerichte Guadaloupes. Es gab köstliches »Ragout de Coq« (Hähnchen aus Freilandhaltung), deren Kameraden, die dieses Schicksal noch nicht ereilt hatte, ganz in der Nähe auf dem Hof umherliefen. Auf dem Tisch standen Brot, Wein, Limettenscheiben und der schärfste Habañero-Chili, den ich jemals gegessen habe.

Irgendwann verdunkelte sich der Himmel, aber wir waren alle bester Laune und lachten und scherzten ohne Unterlass. Es begann fürchterlich zu regnen, wir rückten unter dem Dach enger zusammen, machten Fotos, tranken Wein und ließen unserer ausgelassenen Stimmung bei frisch geschälten Orangen und herrlichem Espresso freien Lauf. Erst als sich alle wieder zum Aufbruch rüsteten, um zu ihrer Arbeit zurückzukehren, realisierte ich, dass wir einen ganz gewöhnlichen Mittwochnachmittag auf Guadeloupe vertrödelt hatten.

Dass wir die Zeit so vergessen haben, lag sicher an vielen Dingen: an den Drinks, dem fantastischen Essen, der Atmosphäre und an den mitreißenden karibischen Rhythmen, die aus einem kleinen Transistorradio zu uns drangen! Für eine richtige karibische Party sollten Sie unbedingt die passende Musik auswählen – es gibt für jede Gelegenheit reichlich Auswahl: Reggae, Calypso, Zouk, Soca, Salsa, Dancehall, Mento, Ska, Rocksteady, Jazz und Schmuserock – wer kann da noch stillsitzen?

Karibischer Brunch Diese Speisenfolge eignet sich für Taufen, kleine intime Hochzeitsfeiern oder Gelegenheiten, bei denen Familienmitglieder jeden Alters – von den Großeltern bis zu den Enkelkindern – und auch Freunde zusammenkommen. Man beginnt am späteren Samstag- oder Sonntagvormittag und schlemmt bis zum Nachmittag. Tragen Sie die Gänge nacheinander auf. Gelb- und Orangetöne für die Tischwäsche und Blumendekoration sind für diese Tageszeit ideal.

Tropischer Fruchtsalat mit Eiscreme & heißem Zitrussirup (ohne Chili!) (Seite 202)

Rosella & Ingwer (Seite 223)

~

Jamaikanisches Hefebrot, getoastet, mit Zitrusmarmelade & Guavengelee

»Bul Jol« (Seite 47) & »Coconut Bake« (Seite 177)

~

Jamaikanischer Blue-Mountain-Kaffee

~

Ackee mit leichter Curry-Sauce

Karibische Brotfruchtchips (Seite 48)

Maismehl-»Coo-Coos« (Seite 185) oder Mini-Tortillas (Seite 178)

Avocadoscheiben mit Limetten-Vinaigrette (Seite 191)

~

Bananen-Fritters

Eiscreme (Seite 207)

~

Ingwerbier & Stachel-Annonensaft (Seite 223)

»Red Stripe«-Bier

Karibisches Picknick Ein sonniger Sommersonntag ist ein klassischer Tag für ein Picknick. Glücklicherweise fehlt es uns auf den Karibischen Inseln nicht an schönen Sonntagen, und die Ortsauswahl für ein Picknick reicht vom Strand und Flussufer über ein Kricketmatch auf dem Land bis hin zu einem idyllischen Plätzchen in den Bergen. Nehmen Sie genügend große Decken und ein paar Kissen mit, damit es alle auch schön bequem haben und nach dem lukullischen Mahl eine kleine Siesta halten können. Denken Sie auch an den Korkenzieher und den Flaschenöffner! Frisches, kaltes Wasser sollte ebenfalls nicht fehlen. (Wenn Sie eine Stelle wählen, an der auch gegrillt werden kann, nehmen Sie das Hähnchen bereits geteilt und mariniert mit.)

Mini-Tortillas (Seite 178) oder Maismehl-»Coo-Coos« (Seite 185)

Salat aus grünen Bananen & Salzfisch (Seite 76)

~

Kaltes gegrilltes Jerk-Hähnchen (Seite 130) oder Brathähnchen mit fünf Gewürzen (Seite 110)

~

»Escoveitch«-Fisch (Seite 91)

~

Vorbereitete frische Früchte, z. B. Wassermelone oder Ananas

~

Eine Kühlbox mit Eis, Ingwerbier, »Ting« (ein Grapefruit-Softdrink), Wasser, eisgekühlter oder heißer Kaffee

Karibisches Lunch Auf den Karibischen Inseln hat am Sonntag ein langes Mittagessen Tradition. Es findet gewöhnlich im Kreis der Familie statt, so dass man nie allein in der Küche steht. Man ratscht und tauscht den neuesten Klatsch aus ... Während der Aperitif den Redefluss der Tischgesellschaft anregt, können Sie in aller Ruhe mit »Gundy« beginnen und tragen den nächsten Gang ohne Eile auf, wenn Sie ihn fertig haben.

Solomon-Gundy (Seite 45) & Cracker
»Caribbean Fish Tea« (Karibische Fischsuppe, Seite 63)

~

Bräthähnchen mit fünf Gewürzen (Seite 110),
mit Röstkartoffeln & Sauce
»Rice & Peas« (Seite 183)
Überbackene Auberginen mit »Callaloo Rundown« (Seite 166)
Gebackene reife Gemüsebananen (Seite 171)
Exquisiter Kohlsalat (Seite 75)

~

»Mokka-Flan« (Seite 206)

~

Elegantes karibisches Dinner Stellen Sie sich eine intime Atmosphäre von etwa sechs Personen vor. Mit vielen Kerzen auf verschiedenen Ebenen, tropischen Pflanzen und Stoffservietten in edlen Farben wie Bougainvillea-Rosé, Limettengrün, Papaya und Türkis. Setzen Sie – falls möglich – eine Staude frischer grüner Bananen als Blickfang in die Tafelmitte und legen Sie die großen Blätter diagonal über den Tisch. Verbannen Sie jede Deckenbeleuchtung, ausgenommen in der Küche.

Kürbis-Hummer-Suppe (Seite 65) und
Chilibrot (Seite 175)

~

Christophene-Melonensalat (Seite 75)
Jerk-Lamm mit Guavensauce (Seite 131)
Pürierte Maniokfrucht mit geröstetem Knoblauch (Seite 180)
& gegrille Zucchini

~

Kleine-Rum-Schoko-Puddings (Seite 211) und Echtes Vanille-Eis (Seite 207) mit gerösteten Mandeln und 1 Spritzer Angostura Bitter

~

Jamaikanischer Blue-Mountain-Kaffee und »Tía María«

Abbildungen zum Glossar

1. Kaffee
2. Guave
3. Rum
4. June-Pflaume
5. Maismehl
6. Pimentbeeren / Allspice / Nelkenpfeffer
7. Gemüsebananen
8. Rote Pfefferkörner
9. Passionsfrucht
10. Mango
11. Brotfrucht
12. Gungo-Erbsen
13. Christophene/ Chayote
14. Weiße Pfefferkörner
15. Sternfrucht/ Carambola

Glossar

FRÜCHTE

Banane In der Küche der Westindischen Inseln sind sowohl gelbe reife als auch grüne unreife Bananen sehr beliebt. Reife Bananen verwendet man für Desserts und Brot, unreife werden gekocht und als Gemüse serviert. Auf manchen Inseln bezeichnet man Bananen als »figs« (Feigen). Das geht vielleicht auf die biblische Geschichte von Adam und Eva zurück, die ihre Blöße mit Bananen- und nicht mit Feigenblättern bedeckt haben sollen.

Bitterorangen Das Fruchtfleisch der ursprünglich aus Spanien stammenden Frucht ist zu sauer, um es zu essen, wird aber zur Herstellung von Marmelade verwendet. Man presst aus Bitterorangen auch Saft oder stellt alkoholische Getränke her, etwa die berühmten Curaçao-Orangenliköre.

Guanábana / Stachelannone / Sauersack Eine grüne Frucht, die mit zahlreichen Stacheln besetzt ist. Das saftige weiße Fruchtfleisch ist in mehrere Segmente unterteilt und meist kernlos (falls nicht, sollten die Kerne entfernt werden). Das Aroma erinnert an das einer leicht überreifen Ananas. Die überaus beliebte Frucht wird häufig zur Zubereitung von Erfrischungsgetränken, Eiscreme und Sorbets verwendet.

Guave Eine runde Frucht mit dünner gelber Haut. Das Fruchtfleisch ist weiß oder roséfarben und mit harten Kernen durchsetzt. Die Guave wird als Dessertfrucht gegessen, gedünstet oder zu Marmelade, Gelee und Guavenpaste verarbeitet.

Limette Die von frühen europäischen Siedlern eingeführten Limettenbäume gediehen auf den Karibischen Inseln ganz prächtig, so dass diese Frucht neben der Chilischote zu einer der wichtigsten Zutaten der karibischen Küche wurde. Limettensaft ist für die meisten Gerichte unverzichtbar: zum Waschen und Marinieren von Fisch, Geflügel und Fleisch, als Würze für Gemüsegerichte und aromatischer Zusatz für Desserts und Drinks.

Mango In der Karibik gibt es Hunderte verschiedener Mangosorten – von Früchten in Pflaumengröße bis zu solchen, die über 1 kg wiegen. Auch die Farbe der glatthäutigen Frucht variiert von grün über gelb und rosa bis zu leuchtend rot. Die reife Mango wird zumeist als Dessertfrucht gegessen. Oder man stellt aus dem pürierten Fruchtfleisch ein erfrischendes Getränk her. Die unreife Frucht kann man dünsten oder zu Chutneys und Pickles verarbeiten. Zu den beliebtesten Sorten zählen Pa Ouis, Julie, East Indian, Bombay, Sugar und Alphonso.

Noni Dies ist ein immergrüner Baum, dessen Früchte einen sehr ausgeprägten Geschmack und Geruch haben. Da sie medizinische Eigenschaften besitzen sollen, bereitet man daraus Kräutertränke.

Pampelmuse Ein britischer Kapitän namens Shaddock brachte diese ursprünglich aus Polynesien stammende Frucht im 17. Jahrhundert nach Jamaika. Sie gedieh gut auf dem fremden Boden und es dauerte nicht lange, bis aus ihr eine neue Frucht hervorging mit einer dünneren, gelberen Schale, die wir alle als Grapefruit kennen.

Papaya Die Papaya ist eine köstliche Frucht, die gewöhnlich zum Frühstück gegessen wird. Ihr herrliches Aroma kommt mit einem Spritzer Limettensaft noch besser zur Geltung. Die Größe der Früchte ist unterschiedlich; eine kleinere Sorte wurde eigens für den Export gezüchtet. Aufgrund eines speziellen Enzyms dient die Papaya auch als Zartmacher für Fleisch.

Passionsfrucht Die reife Frucht mit ihrem stark aromatischen Duft hat eine leicht verschrumpelte Haut. Das orangefarbene Fleisch weist viele kleine schwarze Kerne auf, die zwar essbar sind, worauf die meisten aber verzichten. Es wird zu Saft verarbeitet oder wie Vanille oder hochprozentiger Alkohol zur Aromatisierung von Speisen verwendet, dient aber auch zur Herstellung von Eiscremes und Sorbets, Süßigkeiten und köstlichen Drinks. Für einen Liter Saft benötigt man über hundert Früchte!

Rosella / Sorrel /Flor de Jamaica Eine Hibiskuspflanze, aus deren fleischigen dunkelroten Blütenkelchen Getränke, Marmeladen, Gelees, Chutneys und Saucen bereitet werden. Die Blütenkelche werden gepflückt, in Wasser eingeweicht und mit anderen Aromen, zum Beispiel Ingwer, vermischt. Die im Dezember erntereifen Blüten und waren früher nur um Weihnachten erhältlich. Jetzt gibt es sie auch getrocknet oder als Sirup, sodass man sie das ganze Jahr über kaufen kann.

Tamarinde Eine klebrige braune Frucht in einer knackigen Hülse. Das reife, säuerliche Fruchtfleisch wird zu Saft verarbeitet, als Würze für süße und pikante Saucen verwendet und ist auch als Zusatz für Eiscremes und Getränke sehr beliebt. Das Fruchtfleisch ist wahlweise frisch in der Hülse, als komprimierter Fruchtblock mit schwarzen Kernen, als Paste und als bereits mit Wasser verdünntes, kernloses Konzentrat erhältlich.

Ugli Die massige dickschalige Zitrushybride verdankt ihren Namen ihrem unansehnlichen Äußeren. Sie ist eine Kombination aus Grapefruit, Orange und Tangerine und besitzt ein delikates und leicht säuerliches Aroma; wie die Grapefruit wurde die Ugli-Frucht auf Jamaika gezüchtet.

GEMÜSE

Aki / Akipflaume / Ackee Die Aki, die im 18. Jahrhundert von Captain Bligh nach Jamaika gebracht wurde, wächst auf Bäumen. Wenn sie reif ist, platzt die birnenförmige rote Frucht auf. Darin befindet sich der essbare cremefarbene Samenmantel. Die Frucht ist auf Jamaika ungeheuer beliebt – quasi die Nationalspeise –, obwohl sie auch auf anderen Inseln gedeiht. Auf den Karibischen Inseln ist sie frisch erhältlich und wird als Dosenware exportiert.

Avocado Die karibischen Avocados sind ziemlich groß und werden hauptsächlich für Salate und Dips verwendet.

Brotfrucht Die große, runde Frucht stammt ursprünglich von Pazifischen Inseln (Sie erinnern sich bestimmt an »Meuterei auf der Bounty«?) und sieht aus wie eine grüne Kanonenkugel mit einem auffälligen Muster auf der Außenhaut. Gewöhnlich wird sie als Gemüse serviert, gekocht, als Chips gebacken oder frittiert, aber oft auch im Ganzen im Feuer geröstet, in Scheiben geschnitten und mit Butter gegessen. Das Fruchtfleisch schmeckt mild und brotartig, ist reich an Kohlenhydraten und den Vitaminen A, B und C. Es hat ein delikates Aroma und wird bisweilen auch in Pasteten und Puddings verwendet.

Callaloo Callaloo ist fast schon die generelle Bezeichnung für die Blätter zahlreicher Pflanzen wie Dasheen (Taro), Tannia (Malanga) und Amaranth (stacheliger Callaloo), die alle zur Zubereitung einer eintopfähnlichen Suppe gleichen Namens verwendet werden. Der Callaloo-Eintopf enthält zahlreiche andere Zutaten wie Krabben oder Schweineschwanz, Okra und Chilischoten. Die Blätter werden auch einfach gekocht und als Gemüse serviert oder mit Reis vermischt, auf sehr ähnliche Weise wie Spinat.

Christophene / Chayote / Coo-Coo Das birnenförmige Kürbisgewächs hat ein delikates Aroma und seine Farbe variiert, auch wenn die hellgrünen Sorten am häufigsten erhältlich sind. Die Haut kann leicht stachelig oder glatt sein. Der große Samenkern ist zwar essbar, aber meistens wird er ebenso wie die Haut vor dem Kochen entfernt. Die Christophene oder Chayote ist auch roh sehr delikat, besonders in Salaten. Ihr Geschmack erinnert an Zucchini oder Gemüsekürbis.

Djon-Djon Ein kleiner schwarzer Pilz aus dem Norden Haitis mit unverkennbarer Farbe, delikatem Geschmack und Aroma. Er wird zur Zubereitung der berühmten haitianischen Beilage »Riz-Dijon-Dijon« (Reis mit Pilzen) verwendet, die vorwiegend zu »Griots« (knusprigen Schweinefleischstückchen), Fisch oder Fleisch gereicht werden.

Gemüsebanane Sie sieht aus wie eine große Banane, ist aber nicht so süß und muss vor dem Verzehr gekocht werden. Sie wird in verschiedenen Reifegraden angeboten, von grün über gefleckt bis fast schwarz. Im gefleckte Stadium ist sie am aromatischsten und süßesten. Die Gemüsebanane ist überaus vielseitig und kann gekocht, gebacken und frittiert werden (Seite 171).

Kürbis Die Kürbissorte, die am häufigsten auf den Karibischen Inseln serviert wird, heißt »Calabaza« (Flaschenkürbis), hat eine harte grün-gelbe Haut und die Farbe des Fruchtfleisches variiert zwischen Gelb und Hellorange.

Palmenherzen Die essbaren inneren Teile des Stammes der Karibischen Königspalme werden als Palmenherzen bezeichnet. Diese mild aromatische Delikatesse wird roh und gekocht gegessen und ist in Feinkostgeschäften überall auf den Karibischen Inseln als »Hearts of Palm«, »Chou Palmis« oder »Chou Palmiste«in Dosen erhältlich. Palmenherzen haben eine ähnliche Struktur wie Artischockenherzen.

STÄRKEHALTIGE GEWÄCHSE

Dasheen / Taro Das stärkehaltige Wurzelgemüse stammt ursprünglich aus dem Südpazifischen Raum. Es hat eine braune fasrige Schale. Die Blätter sind essbar und werden als Callaloo bezeichnet (Seite 230).

Eddo / Coco Eine kleine essbare Wurzel mit brauner behaarter Schale und grauem, bisweilen purpurfarbenen Fleisch, das nachdem es gekocht wurde, einen ganz speziellen nussigen Geschmack entwickelt. Eddo kann warm, kalt, in Suppen, geröstet, als Püree oder in Essig eingelegt gegessen werden.

Pfeilwurzel Ein stärkehaltiges Mehl, das aus der Pfeilwurzel gewonnen wird, verwendet man zum Eindicken von Suppen, Schmorgerichten, Saucen und Glaces. Es hat einen neutralen Geschmack.

Kassave / Maniok / Yucca Die Kassave- oder Maniokwurzel gehört zu den traditionellen einheimischen Wurzelknollen der Karibischen Inseln. Von dieser stärkehaltigen Wurzel gibt es süße und bittere Sorten. Aus ersteren werden Mehl, Brot, Püree (Seite 180) und der Suppen- und Saucenbinder Tapioca hergestellt, aus bitteren Sorten bereitet man »Bammies« – Küchlein oder Brötchen, die normalerweise zu gebratenem Fisch gegessen werden. Für den Export wird die Kassave- oder Maniokwurzel mit einer wachsähnlichen Substanz überzogen, die dann zusammen mit der Haut abgeschält wird. Bei süßen Sorten sollte die Wurzel der Länge nach aufgeschnitten und der fasrige Mittelteil vor dem Kochen entfernt werden.

Süßkartoffel / Batate Diese kartoffelartige Knollenfrucht wird überall in den Tropen angebaut. Die Farbe der Schale variiert von Braun über Tiefrosa bis hin zu Weiß und das Fleisch kann orangefarben bis grünlich gefärbt sein. Sie ist überaus vitaminreich und wird in Supermärkten ebenso wie in Spezialgeschäften angeboten. Sie kann genauso wie herkömmliche Kartoffeln gekocht werden.

Yams Die Yamswurzel ist eine essbare Knolle aus der großen »Dioscorea«-Familie. Es gibt viele verschiedene Sorten der Yamswurzel, die in Größe, Form und Farbe variieren. Auch die Farbe des Fleisches ist unterschiedlich, von weiß und gelb über rosa bis hin zu purpurfarben. Die rindenartige Haut kann glatt oder rau und hell, bräunlich oder purpurn gefärbt sein. Die Knolle, die vor dem Verzehr gekocht werden muss, hat ein süßliches Aroma und wird als sättigender Kohlenhydratlieferant verwendet. Sie kann gedünstet, gekocht, püriert, gegrillt, geröstet oder frittiert werden.

Bohnen / Hülsenfrüchte Überall auf den Inseln werden frische und getrocknete Bohnen und Erbsen, die hier pauschal »Peas« genannt werden, verwendet. Es ist nicht übertrieben zu sagen, dass Reis und Bohnen von den meisten Insulanern mindestens einmal am Tag gegessen werden. Sie sind ein preiswerter und gesunder Proteinlieferant. Zu den beliebten Sorten gehören unter anderem rote und schwarze (Kidney-)Bohnen, Straucherbsen und dicke Bohnen.

Cashew Die Schalen der von den Eingeborenen ursprünglich »Acaju« genannten Nüsse enthalten eine giftige Flüssigkeit, die bei der Ernte entfernt werden muss. Man kann Cashews roh essen, aber meistens werden sie geröstet und gesalzen und als Snack verzehrt.

BASISPRODUKTE

Maismehl Es wird auf den Karibischen Insel sehr häufig zur Herstellung von »Pastelles« oder »Hallacas« (Maistaschen in Bananenblättern) verwendet, deren Name ebenso wie die Füllung von Insel zu Insel variiert. Aus Maismehl macht man auch »Coo-Coo« (Seite 185), Brot, Klöße und Desserts und man kann es wie Polenta kochen.

Reis Er gehört zu den wichtigsten Basisprodukten für die Karibische Küche und wird von den meisten Insulanern mindestens einmal am Tag gegessen. Reis wird nur auf einigen Inseln angebaut, die ein feuchtheißes Klima haben, nämlich in der Dominikanischen Republik, auf Kuba, Trinidad und Puerto Rico. Dort dient er jedoch im allgemeinen nur zur Deckung des Eigenbedarfs. Die anderen Inseln müssen ihren Reis importieren.

GEWÜRZE UND AROMEN

Allspice / Piment / Nelkenpfeffer Bei diesem Gewürz handelt es sich um die getrockneten Beeren des Pimentbaumes, die oft auch Gewürzkörner genannt werden. Der Geschmack ähnelt einer Mischung aus Nelken, Zimt und Muskatnuss. Allspice oder Piment gehört zu den wichtigsten Zutaten des Jerk-Gewürzes und wird auf sehr ähnliche Weise wie die Gewürznelke verwendet, nämlich entweder im Ganzen (und vor Servieren entfernt) oder gemahlen.

Annatto / Roucou Wird in Form eines roten Pulvers oder als Samen angeboten und meistens in Verbindung mit Öl zum Einfärben von Speisen verwendet, die dann einen leuchtend gelb-orangen Ton annehmen. Es wird als preiswerterer Ersatz für Safran geschätzt und hat einen mild aromatischen Geschmack. Zur Herstellung von Anattoöl ein paar Anattosamen in Öl erhitzen, abkühlen lassen und filtern.

Chandon beni / Culantro / Mannstreu (»Eryngium foetidum«) Ein sehr aromatisches Wildkraut, das auf vielen spanischsprachigen Inseln ebenso wie auf Trinidad als Gewürz verwendet wird und die verschiedensten Namen hat: Shadow Bennie, Shado Beni, Shadon Bene und Chandon Beni. Sie alle scheinen von der volkstümlichen französischen Bezeichnung »Chardon Béni« was so viel heißt wie »gesegnete Distel« abgeleitet zu sein, da die Pflanze zu den Edeldisteln (»Eryngium«) zählt. Als Ersatz kann Koriander verwendet werden.

Chilischoten Sie verleihen der Karibischen Küche ihren speziellen Geschmack. Es gibt zahllose Sorten und Namen, z.B. Bird Pepper, Country Pepper etc. Auf Jamaika favorisiert man die »Scotch-Bonnet« mit ihrem außergewöhnlichen Aroma. Im Umgang mit scharfen Chilischoten muss man besonders vorsichtig sein. Ihr Inhaltsstoff Capsaicin darf nicht ins Gesicht oder vor allem nicht in die Augen gelangen! Am besten Gummihandschuhe tragen und stets die Hände gründlich waschen! Anstelle der Schoten kann auch Chilisauce verwendet werden.

Curry / Colombo Curry ist auf vielen der französisch- und englischsprachigen Inseln der Karibik verbreitet. Besonders beliebt ist er auf Jamaika (vor allem im Verbindung mit Ziegenfleisch, »Curried Goat«) und auf Trinidad. Auf Guadeloupe schätzt man dieses Gewürz ebenfalls. Ziege mit Curry heißt dort »Colombo de Cabri« und ist eine lokale Spezialität.

Frühlingszwiebeln Auf den Karibischen Inseln sind Frühlingszwiebeln ein wesentlicher Bestandteil beim Würzen mit frischen Zutaten.

Ingwer Dieses aromatisch-scharfe Gewürz wächst auf allen Karibischen Inseln und wird sowohl für pikante als auch für süße Gerichte verwendet. Heute zählt der jamaikanische Ingwer zu den besten der Welt. Ingwertee lindert Magen- und Darmbeschwerden, Ingwerwein und Ingwerbier heben – in Maßen genossen – die Stimmung. Ingwer ist frisch (als Wurzel) und getrocknet als weniger scharfes Pulver erhältlich.

Jelly Als Jelly (»Gelee«) bezeichnet man das weiche, geleeartige und noch nicht reife Fleisch der grünen Kokosnuss. Es wird ausgelöffelt und als Leckerbissen gegessen, nachdem man das Kokoswasser ausgetrunken hat.

Kakao / Schokolade Kakao wurde auf vielen Inseln lange Zeit erfolgreich angepflanzt, bis zahlreichen Plantagen den Anbau aufgrund des fortschreitenden Preisverfalls aufgeben mussten. Auf manchen Inseln wird Kakao jedoch auch heute noch für den eigenen Markt kultiviert. In kleinen Läden oder auf Märkten gibt es »Kakaokugeln« zu kaufen, die man in Wasser oder Milch kocht und daraus heiße Schokolade macht.

Kokosmilch Eine süße Flüssigkeit, die hergestellt wird, indem man das geriebene Fruchtfleisch der Kokosnuss mit heißem Wasser übergießt (Seite 39). Aus mit Zucker reduzierter Kokosmilch kann Kokossirup und Kokoshonig erzeugt werden.

Kokosnuss Die Kokosnuss ist die Frucht der Kokospalme »Cocos nucifera« und wird auf den Karibischen Inseln sowohl für süße als auch für pikante Gerichte verwendet. Das reife Fruchtfleisch ist weiß und mit einer feinen braunen Haut, der so genannten Testa, umgeben. Das frische Kokosfleisch kann gerieben und zu leckeren Speisen verarbeitet werden. Man kann aber auch Öl daraus pressen und es trocknen. Dann wird es Kopra genannt.

Kokoswasser Die Flüssigkeit, die sich im Inneren der Kokosnuss gesammelt hat, wird als kühles, erfrischendes Getränk genossen.

Koriander / Cilantro Die aromatische Pflanze ist mit der Petersilie verwandt. Sie wird häufig im Aussehen mit der glatten Petersilie verwechselt, schmeckt jedoch völlig anders. Die Samen gehören zu den wichtigsten Zutaten von Garam Masala. Auf den spanischsprachigen Inseln ist der Koriander besonders beliebt.

Mauby Ein erfrischendes Getränk mit bittersüßem Geschmack aus dem Rindenaufguss eines tropischen Baumes.

Melasse Die dicke klebrige schwarze Masse ist ein Nebenprodukt der Zuckergewinnung. Man stellt daraus Rum her, verwendet sie in Desserts, Kuchen und anderem Gebäck sowie für Süßigkeiten.

Muskat(nuss) und Muskatblüte Grenada gehört weltweit zu den führenden Produzenten von Muskat(nuss) und Muskatblüte. Beide Gewürze stammen von derselben Frucht des Muskatbaumes. Wenn diese heranreift öffnet sie sich und gibt den leuchtend roten Samenmantel frei, der die braune Nuss umhüllt. Unter Muskatblüte (Macis) versteht man den getrockneten Samenmantel, der im Ganzen oder als Pulver angeboten wird. Die harte Muskatnuss muss erst von der Schale befreit werden, bevor man sie reiben oder zu Pulver zerstoßen kann. Beide Gewürze werden für süße und pikante Speisen und auch für viele Getränke verwendet.

Nelken (»Nägelein«) Das aromatisches Gewürz, dass überall auf den Karibischen Inseln in zahlreichen süßen und pikanten Speisen zum Einsatz kommt, wird auf den französischen und niederländischen Inseln kultiviert. Die getrockneten ganzen Nelken erinnern an Nägel – ihre englische Bezeichnung »Cloves« ist vom lateinischen Wort für Nagel »Clavum« abgeleitet. Nelken sind sowohl im Ganzen als auch gemahlen erhältlich.

Sternanis Das Gewürz, das den chinesischen Einfluss auf die Karibische Küche widerspiegelt, ist die sternförmige getrocknete Frucht des »Illicium verum«. Sternanis ist eine der Zutaten der Fünf-Gewürze-Mischung und wird vorwiegend für Schweinefleisch- und Hähnchengerichte verwendet.

Thymian Gehört auf den Karibischen Inseln zu den verbreitetsten Gewürzen für die Verfeinerung von pikanten Gerichten.

Vanille Sie wird auf vielen Inseln zur Aromatisierung von Getränken und Dessert geschätzt. Der größte Teil der karibischen Vanille stammt aus Puerto Rico.

Zimt ist die getrocknete Rinde eines Baumes und wird als Gewürz für süße und pikante Speisen verwendet. Man kombiniert ihn häufig mit anderen Kräutern, z. B. als wichtiger Bestandteil des Jerk-Gewürzes

Zitronengras Es wächst auf den Inseln wild, wurde aber bis in die jüngste Zeit nur zur Bereitung von Tee verwendet. Langsam beginnt man aber, sowohl süße als auch pikante Gerichte damit zu aromatisieren.

Zuckerrohr Ein riesiges Mitglied der Grasfamilie. Der Zucker wird durch Pressen des Zuckerrohrs gewonnen. Ein Nebenprodukt der Zuckergewinnung ist Melasse zur Herstellung von Rum. Das saftige Rohr ist süß und erfrischend und wird wegen des köstlichen Geschmacks sehr gerne gelutscht oder gekaut.

SPEZIELLE AROMEN UND GEWÜRZE

Adobo Das puertoricanische Gewürz aus Knoblauch, Zwiebel, Oregano, Salz und Pfeffer wird gewöhnlich für Fleisch, speziell Schweinefleisch, verwendet. Zur Herstellung des Gewürzes in Pulverform 1 TL Zwiebelpulver, 1 TL Knoblauchpulver, 1 TL getrockneten Oregano, 1 Prise Salz und 1 Prise Pfeffer vermischen. Mit Essig und frischen Gewürzen kann man Adobo auch als Paste herstellen.

Angostura Angostura Bitter ist ein berühmtes Gewürz aus Trinidad, dessen Zutaten streng geheim gehalten werden. Vermutlich gehört jedoch Tamarindenpüree dazu. 1 oder 2 Spritzer der Würze verfeinern Süßes und Pikantes gleichermaßen.

»Ajili-Mojili« Eine aromatische Sauce aus Knoblauch, schwarzem Pfeffer, Chilischoten, Limetten und Essig, die auf Puerto traditionell zu Schweinebraten (Seite 146) gereicht wird.

»Escoveitch« Damit wird eine Zubereitungsweise bezeichnet, die einer traditionellen spanischen Methode nachempfunden ist: Man gibt eine Marinade aus Essig, Zwiebeln, Lorbeerblatt oder Piment und anderen Gewürzen über gegrillten oder gebratenen Fisch. »Escoveitch« (spanisch: »Escabeche« = marinierter Fisch) kann kalt oder warm gegessen werden.

Jerk-Gewürz Die Entstehung des jamaikanischen Jerk geht auf die Maroons zurück, afrikanische Sklaven, die von den Spaniern auf Jamaika zurückgelassen wurden. Als die Engländer die Herrschaft über die Insel übernahmen, leisteten sie diesen erbitterten Widerstand. Jerk war eine Methode zum Würzen und Konservieren von Fleisch, bevor es über Pimentoblättern geräuchert wurde. Heute ist Jerk-Gewürz in Läden und Supermärkten als Fertigprodukt in verschiedenen Formen erhältlich: getrocknet, als flüssige Marinade und traditionelle Paste (Seite 116–141).

Sauce chien Eine einfache Sauce aus Zwiebeln, Knoblauch, Frühlingszwiebeln, Chili, Salz, schwarzem Pfeffer und Limetten. Auf Guadeloupe wird sie als Würze vor und nach dem Kochen verwendet.

Ti-malice Eine populäre scharfe Chilisauce aus Haiti.

FISCH UND MEERESFRÜCHTE

Austern Die karibischen Austern findet man sowohl in den Mangrovenwäldern als auch im Meer. Die von den Inselbewohnern bevorzugten sind die aus den Mangrovenwäldern. Sie werden gewöhnlich von fliegenden Händlern, die sie auf Wunsch öffnen und mit einer pikanten Tomatensauce, Limettenscheiben und Chili würzen, am Strand oder auf der Straße verkauft.

Flusskrebs In den Flüssen der Karibik sind verschiedene Arten von Flusskrebsen anzutreffen. Die größte Sorte kann über 17 cm lang werden.

Hai Frittierte Haisteaks in Teigtaschen (»Shark & Bake«) sind eine Spezialität, die man bei einem Besuch am Strand von Maracas auf Trinidad keinesfalls versäumen sollte. Das feste Fleisch des Hais kann als Curry zubereitet, gedünstet, gebraten oder roh mit Limettensaft mariniert gegessen werden.

Krabben Überall in der Karibik gibt es die verschiedensten Krabbensorten, die Landkrabben gelten jedoch als die besten. Sie leben im Süßwasser in Flüssen und Teichen sowie in den Mangrovensümpfen. Es handelt sich um relativ kleine Krabben mit einem Durchmesser von 5 – 7,5 cm. Das Fleisch wird gewürzt, mit Semmelbröseln vermischt und dann wieder in die Panzer, die »Crab Backs«, gefüllt. Landkrabben werden auch zur Zubereitung von Callaloo-Suppe, Currys und Stews verwendet.

Makrele Als Dosenfisch oder geräuchert gehört die Makrele zu den Grundnahrungsmitteln und findet sich in den Vorratskammern der meisten Insulaner. Die Fische wurden einst als billige Nahrungslieferanen für die Plantagenarbeiter eingeführt und sind bis heute sehr beliebt.

Marlin Ein in den Gewässern um Jamaika und den Cayman Islands bei Sportanglern äußerst beliebter Fisch. Geräuchert kann er mit dem delikatesten Räucherlachs konkurrieren.

Riesenflügelschnecke / Conch / Lambie / Lambi Sie ist die beliebteste Schneckenart der Karibik und besitzt eine überaus auffällig geformten Schale, die innen rosa gefärbt ist. Ihr Fleisch wird mit Limettensaft mariniert roh gegessen, gedünstet und als Curry zubereitet. Conch wird vor allem auf den Bahamas als Spezialität geschätzt.

Roter Schnapper Der mittelgroße Fisch zählt zu den delikatesten der Karibischen Inseln und ist sehr wandlungsfähig; sein festes, leicht süßliches Fleisch kann auf vielerlei Weisen zubereitet werden. Man kann es backen, grillen, braten, dünsten und rösten.

Salzfisch / Codfish / Morue Pwason / Poisson Sale / Bacalao Der beste Salzfisch ist Kabeljau, der auf die Karibischen Inseln importiert werden muss, obwohl er zu den Grundnahrungsmitteln der Insulaner zählt. Der Fisch wird in Wasser eingeweicht, um die Intensität des Salzes zu mildern, und dann entweder gekocht oder über einem Kohlenfeuer gegrillt oder gebraten und aromatisch gewürzt. Überall auf den Karibischen Inseln bereitet man daraus die verschiedensten Gerichte zu. Die populärsten sind »Aki & Salzfisch« auf Jamaika (Seite 88), »Bul Jol« auf Trinidad (Seite 47), »Akkra« (Ackra) auf Barbados, Haiti und Guadeloupe (wie man ihn vorbereitet siehe Seite 39). Salzfisch in der Dose ist vor allem unter der spanischen Bezeichnung »Bacalao« erhältlich und muss nicht vorbereitet werden.

Tilapia Die rötlichem Hybridbarsche schmecken ähnlich wie der Rote Schnapper und wurden zu einer besonders erfolgreichen Spezies, die auf Jamaika in Aquakulturen gezüchtet wird. Ihr festes weißes Fleisch gilt bei vielen Fischliebhabern als Delikatesse.

Wahoo Ein schmackhafter Speisefisch, der in tiefen Gewässern lebt. Er kann gedünstet, frittiert, gebacken und gegrillt werden.

FLEISCH

Gepökeltes Rindfleisch / Schweinefleisch Pökelfleisch gehörte zur Verpflegung der Sklaven auf den Plantagen. Es ist auch heute noch eine wichtige Zutat in der traditionellen Küche und verleiht vielen althergebrachten Rezepten ihr einzigartiges Aroma.

Ochsenschwanz ist vor allem auf den englischsprachigen Inseln überaus beliebt, wo die Menschen auf ihre über viele Generationen hinweg überlieferten »Stews« stolz sind. Auf Jamaika wird Ochsenschwanz häufig mit Bohnen serviert.

Weitere Informationen zu karibischen Rezepten und Zutaten finden Sie auf der Website von Walkerswood: www.walkerswood.com.

Abbildungen zum Glossar

1. Aki / Ackee
2. Granatapfel
3. Rote Bohnen
4. Anatto / Roucou (flüssig)
5. Chilisauce
6. Landkrabben
7. Ingwer
8. Curry-Pulver
9. Süßkartoffel / Batate
10. Habaneras
11. Kassave / Maniok
12. Okra
13. Noni
14. Zimtrinde
15. Quenepas / Guineps

Danksagung *Ein Projekt wie dieses ist ohne tatkräftige Hilfe und Unterstützung nicht durchführbar. Obwohl mir noch viele andere mit Rat und Tat zur Seite standen, gilt den folgenden lieben Menschen mein ganz besonderer Dank:*

Evy Burke, meiner Mum, für ihre Kreativität, und Billy Burke, meinem Dad, dem meine Wissbegier nie zuviel wurde. Roddy Edwards, Judy Bastyra und Sandra Duhaney, die an meiner Seite waren. Allen »Jaguars«, die gerne kochen und auch jenen, die gerne essen, meiner Schwester Nancy Burke, Cindy Breakspeare, Andrea Hutchinson, Susan Parkinson, Alex Kerr-Wilson, Caryle Duffy, Myriam Portocarero, Maxine Walters, Annabella Proudlock, Vanessa Taylor, Suzanne Jobson, Suzette Robinson, JoyBell Dummett, Tobi Philips, Barbara Serlin, Pat Tracey und Michele Haynes – für die Partys mit all den Köstlichkeiten! Woody Mitchell, Denyse Perkins, Johnny McFarlane, Ann Edwards, Myra Waugh, Celia Dixon Chambers, ihrer Tochter Kristina und dem Rest des Walkerswood-Teams, die mich unterstützten. Cookie Kinkead für ihr wachsames Auge. Enid Donaldson, Norma Shirley, Johanna Thwaites, Sue Couch, Julius Chin Yee und Rosemary Parkinson – meinen kulinarischen Leitsternen auf dem ganzen Weg.

Mein spezieller Dank geht auch an all jene, die meine Recherchen zu einem echten Vergnügen werden ließen:
An Norma Llop und Isaac Zapata vom puertoricanischen Fremdenverkehrsamt, Blanche Gelabert und Emilio Rivera sowie die Chefköche Joel Rodriguez und Robertro Trevino, die mir ihre wertvolle Zeit schenkten. 5 Sterne für Marie-France Leguier, die mir auf Guadeloupe wahre Gastfreundschaft zuteil werden ließ, und Rony Theophile für die Informationen, Simone Schwartz Bart, die uns in ihre Küche ließ und auch für Gigi Bouroga, Marie Celine und den lustigen Philippe. Ich bedanke mich ganz herzlich bei Jag Mehta und dem Breezes-Personal auf Curaçao; Dylene Esprit und Carla Nieveld vom Fremdenverkehrsamt Curaçao, Küchenchef Michael Eusea, Maria und Janchi Christiaan. Ohne Brien und Grannia deGannes wäre Trinidad nicht das, was es ist. Vielen Dank an Susie Montana, Gerrard Kenney, Kevin Kenney, Gilbert Bastyra, Steven Steele, die Kochkünstler Eli deSouza und Norris Marshall sowie Piero Guerrini, die so viel Köstliches gezaubert haben.